南インド料理店
総料理長が教える

だいたい 15分！
本格インドカレー

エリックサウス 稲田俊輔

柴田書店

「カレーってこんなに簡単だったのか！」

　私が本格的にインドカレーをつくり始めたのは、実は意外と遅くて30歳をだいぶ過ぎてからでした。当時、私は和食を主につくる料理人で、そんな私から見るとインドカレーをスパイスからつくるというのは魔術のように見えました。どれがどれかもわからない様々なスパイスを調合するなんて、まさに秘技中の秘技。到底自分ごときの手に負えるものではないと思っていたのです。

　加えて、日本では「カレーは時間と手間をたっぷりかけてつくるもの」という認識があります。玉ネギが「アメ色」になるまで長時間ゆっくり炒め、さらにいろいろな食材を加えてまた長時間煮込み、様々な隠し味も加えて仕上げなければいけない。それはある種の誤解でもあることにその後、気づくわけですが。

　仕事上の依頼で半ば止むを得ずインドカレーに取り組むことになった当時の私は、最初は頭を抱えました。しかし、それでも諦めることは許されもせず、洋書を中心に様々な専門書やレシピ集を取り寄せて、おっかなびっくり、書かれた通りに試作を開始したわけです。しかし、しばらくそれを続けて、私は気づきました。

　「インドカレーってこんなに簡単だったのか！」

　簡単、と言い切ると少し語弊はあるかもしれません。他の料理にはない独特の手順やコツ、レシピから全てを解読しきれない奥の深さはありま

す。しかし、その本質的な部分は、あくまで素材そのものを生かしたシンプルな料理。最低限これだけは守らなくては、という基本ルールさえ理解したら、後はそのルールに従って素材を活かしきるだけ。秘術にしか見えなかったスパイスの配合も、ある一定のシンプルな法則にのっとっていて、しかも自由。時間をかければかけるほどいい、という先入観も、少なくともインドカレーというジャンルでは完全な誤解であったことにも気づきました。

　お店で出すカレーという意味では、そうは言ってもさすがにそれなりの手間と時間をかけて特別なカレーをつくる必要がありました。しかし、その経験を生かして私が自宅や、あるいはお店の賄いとしてつくるカレーは、徹底してシンプルに、手早くなっていきます。

　時間の不規則な仕事ゆえ、私は深夜近い時間に帰宅し、一人分の食事を手早くつくって食べることが少なくありません。それまではそんな時の定番は簡単なパスタだったり、あっという間にできる炒めものや丼ものでした。そこに、インドカレーという無限のバリエーションを持つレパートリーが加わったのです。それこそ「スパゲッティナポリタン」をつくるのと同じくらいの時間と手間で、立派なカレーの一品二品はすぐにできてしまいます。

　先に書いたように、私はスパイスからつくるイ

ンドカレーを「魔術のようだ」と思っていました。しかし、実はそれは魔術でもなんでもなく、当たり前ですが素材と素材を組み合わせてつくる「普通の（！）」料理だったのです。強いて言うならば、スパイスの力で時にそれが想像を超える美味しさに、あっという間に変化する魔法の料理。

それをさらに痛感したのは、言うなればカレーの本場、インドでの体験です。南インドではいくつかの家庭で料理づくりを見学させていただいたのですが、そこではインドのお母さんがそれこそ同時進行であっという間に何種類ものカレーを仕上げて、家族の食卓を賑やかにつくり上げていたのです。

もちろん一部の料理は、かたい豆を前もってやわらかく煮ておくとか、肉を前日からスパイスでマリネしておくという下準備も必要でしたが、逆に言えばそれさえしておけばあとはあっという間。日本で言うなら野菜炒めと肉じゃがとお味噌汁をつくるくらいの感覚であっという間にカレーの献立が揃ってしまいます。

柴田書店の井上美希氏から「カレーが好きだけど毎日忙しい人たちのために、残業して帰宅しても気軽に手早くつくれるカレーのレシピ本がつくりたいんです」とお話をいただいた時に、僕が思い浮かべたのは、そんなインド家庭料理の風景でした。肉じゃが一品だけという献立はちょっと寂しいかもしれませんが、カレーなら肉じゃがより

更に簡単なそれ一品でもさまになります。もう少しだけ余裕があれば、お味噌汁や野菜炒め感覚で複数のカレーを用意することもできなくはない。冷蔵庫につくりおきのスパイスお惣菜があればなお良し。そしてそんな光景は、私の密かな楽しみである深夜メシそのままでもあります。言うなれば「お手のもの」です。

豆を長時間煮込んだり、肉や魚の下ごしらえをしたり、といった面倒な手間は、缶詰などの便利な食材に置き換える、というアイデアも井上氏からいただき、ほとんどのレシピが15分以内に完成するものになりました。同時に、スパイスの使い方をはじめとするそのレシピの骨格は、本場の伝統的なインド料理のそれに忠実に従ったものになっています。つまり、短時間で気軽につくれる、それでいて本格的な味わいのカレーということです。

さらに最終章では番外編として、休日にたっぷり時間と手間をかけてつくる、インド料理専門店そのままの超本格レシピも惜しみなく公開しています。

忙しい平日も、ゆったりとした休日も、カレー好きなら毎日楽しめるレシピ本になったと思います。どうかお役立てください。

稲田俊輔

目次

缶詰で！

肉で！

野菜で！

付け合わせ

裏技！

休日番外編

撮影／よねくらりょう

デザイン／岡本洋平＋関 秋奈（岡本デザイン室）

編集／井上美希（柴田書店）

基本のミックススパイス

本書で多くのカレーに用いるミックススパイスです。
使うスパイスは4種。おだやかな風味で
全体の調和をとるコリアンダーを中心に、
いかにもインドカレーらしい鮮烈な風味のクミン、
鮮やかな黄色い色味と大地の香りのターメリック、
辛みと香ばしい香り、そして赤い色味の
赤唐辛子パウダーを合わせました。
割合は下記の通り。あらかじめミックスしておきます。

辛みの調整

辛口にしたければ赤唐辛子パウダーのうち
全量をカイエンペッパーに、甘口にしたけれ
ば韓国産赤唐辛子パウダーに。中辛はカイ
エンペッパーと韓国産赤唐辛子を1：2、も
しくは1：1でブレンドしてつくります。甘
口でつくっておいて、仕上げにカイエンペッ
パーを足して、その都度お好みの辛さに調
整してもOKです。この方法、家族に辛みが
苦手な人がいる場合などに便利です！

(5) コリアンダーパウダー ＋ (1) クミンパウダー ＋ (1) ターメリックパウダー ＋ (1) 赤唐辛子パウダー

つくりやすい分量

辛口
コリアンダーパウダー…10g
クミンパウダー…2g
ターメリックパウダー…2g
カイエンペッパーパウダー…2g

中辛（辛め）
コリアンダーパウダー…10g
クミンパウダー…2g
ターメリックパウダー…2g
カイエンペッパーパウダー…1g
韓国産赤唐辛子パウダー…1g

中辛（甘め）
コリアンダーパウダー…10g
クミンパウダー…2g
ターメリックパウダー…2g
カイエンペッパーパウダー…0.5g
韓国産赤唐辛子パウダー…1.5g

甘口
コリアンダーパウダー…10g
クミンパウダー…2g
ターメリックパウダー…2g
韓国産赤唐辛子パウダー…2g

＋α の追いスパイス

本書には、シンプルな基本のミックススパイスに、追加のスパイス＝追いスパイスを加えて、より深い味わいをつくりだすパターンもいくつか登場します。ここでは主な追いスパイスをご紹介。カレーづくりに慣れてきたら、お好みで組み合わせてアレンジしてみてください。

ガラムマサラ

市販のガラムマサラはメーカーごとにかなり個性が異なります。お好みのものをお使いいただいて構わないのですが、本書では下記の製品を特に強く推奨します。

マスコットガラムマサラ

成城石井では定番商品。比較的入手しやすいです。シナモンやクローブの甘い香りが特徴で、重厚な風味に仕上がります。

S&Bロイヤルマサラ

商品名にガラムマサラとは付いていませんが、実質極めて理想的なガラムマサラです。カルダモンと黒コショウを軸とした爽やかで香り高いブレンドで、本格的でありつつ日本人好みのいかにもスパイスカレーらしい風味に仕上がります。この「ロイヤルマサラ」、実はほとんど市場に出回っておらず、S&Bの社員さん曰く「幻のスパイス」とのこと。しかしこんな完璧なマサラを放っておく手はありません。通販などでぜひ手に入れてみて下さい！

自家製ガラムマサラ

これらの商品が手に入らない場合のために、パウダースパイス6種類を調合するシンプルな配合をご紹介します。コリアンダーパウダー4g、クミンパウダー4g、カルダモンパウダー4g、ブラックペッパーパウダー4g、シナモンパウダー2g、クローブパウダー2gを混ぜ合わせます。瓶などに詰めて保存。

カレー粉

S&B赤缶カレー粉

日本人にとってもっとも身近なミックススパイスがこの赤缶ですが、インドカレーに使う場合は実は少々個性が強すぎるスパイス。本書ではこの赤缶をガラムマサラ的にちょい足しするという方法で用いています。赤缶を特徴づけているのは強いフェヌグリークの香り、そしてほんのり香るフェンネル。いずれも南インドの主に野菜系のカレーで頻繁に登場する要素です。

そのほかのスパイス

ブラックペッパーパウダー

基本のミックススパイスのマイルドな風味にシャープさと華やかさが加わります。特にココナッツミルクを使うカレーに、具材を選ばずよく合います。

カルダモンパウダー

いかにもスパイスカレーらしい爽やかでエキゾチックな風味が加わり、シンプルながら極めて効果的なブレンドとなります。肉系のカレーにおススメ。

基本のマサラ

本書の多くのカレーで共通のベースとなる、
いわば「カレーの素」。いろいろなカレーの、
味と香りの骨格になります。
このレシピは本場インドでも
もっともスタンダードな工程に基づいています。
フライパンを電子ハカリにのせて
直接材料を計量すれば、
洗いものも劇的に減らせます！

材料（2人分）

玉ネギ（粗みじん切り・P.10参照）…120g
おろしニンニク…4g
おろしショウガ…4g
塩…2g
サラダ油…30g
トマト水煮缶…60g
基本のミックススパイス（P.6）…8g

1. ——— 材料を入れる

フライパンをハカリにのせ、玉ネギからサラダ
油までの材料を直接計量します。強火にかけて
ヘラで混ぜながら30秒炒めます。

2. ——— 弱火で5分

全体がなじみ、ジュージューという音がし始め
たら、弱火にします。フタを閉めて5分放置。

裏技！ 1ステップマサラ

さらに簡単＆時短の1ステップマサラです。材料をすべてフライパンで計量したら、強めの中火にかけて3分間、表面にじっとりとオイルが浮いてくるまで水分をとばしながら炒めるだけ。1～2人分ほどの少量をつくるのに特に向いている方法です（まとめてたくさんつくりおきするのにはあまり向いていません）。

基本のマサラにくらべると玉ネギのつぶつぶとした食感が多少残るので、食感をあえて残したいキーマカレーなどにはむしろ最適。また、チキンカレーなど、10分以上煮込む場合は、最終的に玉ネギも基本のマサラとほぼ同じくらいにやわらかくなります。使う玉ネギは冷凍したもの（P.10）をおススメします。

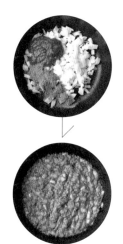

つくおき＆冷凍可！

まとめてつくって、2人分ずつ小分けに冷凍しておくと、さらに便利＆時短に。冷凍したマサラは電子レンジで解凍してから調理に使ってください。

まとめてつくるときは

左記分量の2～3倍量でつくりおきするときは、仕込む量に応じて工程2.の火加減を強め、加熱時間も長めに（約10分ほど）してください。

3. ── スパイス投入！ ──→ 強火で30秒

フタをはずし、再びハカリにのせて、トマト水煮缶と基本のミックススパイスを計量します。ハカリの上に鍋敷きを置いておくのを忘れずに！

強火にかけ、全体がなじんで表面にじわっとオイルが浮いてくるまで30秒炒めたらできあがり！仕上がり重量の目安は180gです。これよりも大幅に多ければさらに煮詰め、少なければ水を足して沸かしなおして調整すると、レシピに忠実な仕上がりになります。

カレーづくりのハードルを下げる

5つの法則

その1
玉ネギのみじん切りは粗くていい！

1. 1〜2cm間隔で切れ目を入れる

2. スライスする

大きさ
バラバラで
OK！

玉ネギのみじん切りは、粗くても、ふぞろいでも、つながってても、テキトーで大丈夫！

ざっくりと切れ目を入れて、端からスライスするだけでいいんです。切れ目は根元まで入れなくてもOK。スライスしにくくなってきたら、玉ネギを倒して、またざっくりと切れ目を入れて（a）、端からスライス（b）。根元から1cmくらいになったら、またもや倒して、端からザクザク切ります（c）。

a

b

フードプロセッサーやブンブンチョッパーがあればそれを使ってもオーケーです。

切り方はテキトーでもいいけど計量は正確に！1個丸ごと切ってしまって、余りは冷凍しておいて次回また基本のマサラをつくるときに使うというのがおススメです。冷凍すると火の通りが早くなるメリットもあり、特に1ステップマサラ（P.9）の場合は、冷凍したみじん切り玉ネギでつくることを推奨します。

冷凍して
おくと
便利！

c

その2
ニンニク、ショウガは
チューブでOK！

基本のマサラに使うおろしニンニクとおろしショウガはチューブのものでも大丈夫。でも、時間に余裕があればその場で生のものをすりおろしたりきざんだりして使うと、よりおいしさが増します。

その3
トマト水煮は
カット or あらごしを！

カットトマトかあらごしタイプを使うことで短時間で深い味わいを生み出すことができます。あらごしタイプは濃縮されているものを買ってしまわないように注意してください。使い残しはジップ袋などに入れてペタンコにして冷凍しておくと、端からパキパキ折って使う分だけ取り出せます（P.101参照）。

その4
材料の計量は
フライパンごと！

計量のストレスは、計量のためだけに容器を使って洗いものが増えること、だとは思いませんか。フライパンをハカリにのせて材料を計量すれば、そんなストレスからフリーになれます。

その5
加熱中の計量は
鍋敷き必須！

加熱中に加える材料も、フライパンをハカリにのせて計量してしまえばいいんです！注意しなくてはならないのは、熱いフライパンをハカリにのせるとハカリが溶けること（笑）。ハカリに鍋敷きをのせておくのをお忘れなく！

シードスパイスの
テンパリングテクニック講座

インドカレーでは主に最初の工程で、ホール（原型）のままのスパイスを油とともに加熱して、油にスパイスの香りを移す「テンパリング」というテクニックがよく使われます。

テンパリングに使われるスパイスには様々なものがありますが、本書では「クミンシード」「マスタードシード」「フェンネルシード」の3種類のシードスパイス、及び、タカノツメを使用するレシピをいくつか紹介しています。シードスパイスのテンパリングは、加熱が足らないと風味が生かしきれず、かといって加熱しすぎで焦がすと風味がとび、苦味も出てしまうため、タイミングが特に重要です。

マスタードシードのテンパリング

冷たいフライパンにマスタードシードとオイルを入れて、火にかけます。慣れれば強火の方が時間もかからず楽なのですが、慣れないうちは中火の方がよいでしょう。オイルの温度が上がるとシードのまわりに泡が立って白っぽく見えてきますが、まだもう少し待って！ さらに加熱を続けるとシードがパチパチと軽快な音を立てて少しずつ弾け始め、同時にナッツのようなこうばしい香りがただよいはじめます。

シードを一粒残らず弾けさせようとすると大半が焦げてしまう心配もありますので、パチパチ音のピークが過ぎて下り坂になるタイミングで、すぐに次の工程（香味野菜や水を加える）に移り、オイルの温度を一気に下げます。

しっかり弾けるまで！

まだ！

クミンシードの
テンパリング

　マスタードシードと同様に、冷たいフライパンにオイルとともに入れて、火にかけます。こちらも強火から中火の、ご自身のやりやすい火加減で。オイルの温度が上がるにつれ、マスタードシードのときと同じく、シードの周囲にシュワシュワと泡が立ち、独特の良い香りがしてきます。

　クミンシードはたいへん焦げやすく、それ以上加熱すると風味もとんでしまいますので、すぐに次の工程に移ってオイルの温度を下げます。

フェンネルシードの
テンパリング

　フェンネルシードのテンパリングは基本的にはクミンシードと同じですが、クミンシードよりもさらに焦げやすく、また加熱しすぎると揮発性の芳香がとんでしまうので、加熱時間はごく短時間にとどめます。

　マスタードシードなど他のスパイスと組み合わせて使う場合は、あとから投入し、加熱は10秒程度にとどめ、すぐに次の工程に移ってオイルの温度を下げます。

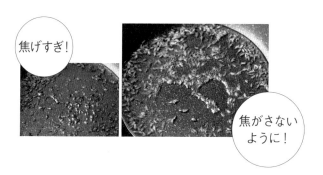

焦げすぎ！

焦がさないように！

10秒でOK！

タカノツメのテンパリング

　タカノツメはハサミで縦に半分に切ると、簡単に中の種を取り出せます。辛さというよりはその風味を活かすために使いたいので、辛みの強い種は不要というわけです。もっとも、辛いものがお好きな方は種を入れたまま使っていただいても構いません。

　唐辛子はさっと炒めるだけでも、じっくり焦げるくらいまで加熱してもそれぞれのよさがあり、加熱の時間はシードスパイスほどシビアになる必要はありません。

　本書ではタカノツメは基本的にクミンシードかマスタードシードのいずれかと組み合わせて使う場合がほとんどですので、どちらの場合も手順を簡単にするために、シードと同時に火にかけるレシピにしました。よってしっかりとテンパリングするマスタードシードと一緒でしたら深煎りに、焦がさないようにするクミンシードと一緒だと浅煎りになります。テンパリングに慣れてきたら、時間差をつけてお好みのタイミングで加えても構いません。

種の取り方

深煎り！ マスタードシードと

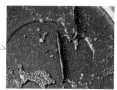

浅煎り！ クミンシードと

本書を使う前に

・フライパンは直径20cmのものを使っています。調理前にフライパンの重量を計ってメモしておいてください。カレーの仕上がり重量を計る際には、総重量からフライパンの重量を引いて、カレーのできあがり重量を確認します。

・この本のレシピのほとんどはフライパンと材料の合計重量がぎりぎり1kg以内におさまりますが、これからハカリを購入する場合は、余裕を持って2kgまで計れるものをおすすめします。

▼調理時間の目安

▼仕上がり重量の目安

仕上がり目安
は400g！

基本のマサラ+
3分

鯖缶シンプルカレー

鯖缶は偉大です。鯖缶を使えばどんな料理もおいしくなります。
なので、これほどまでにシンプルなこのカレーも、やっぱりとてもおいしく仕上がります。

・カレーの濃度、すなわち調理中にどれだけ水分が蒸発するかは、カレーの仕上がりを大きく左右し、蒸発量は火加減や鍋・フタの形状で大きく変わることがあります。本書では仕上がり重量の目安をすべてのレシピに添えました。大幅にオーバーしていれば煮詰め、少なければ水を足して沸かしなおしていただくと、レシピにより忠実な味わいを再現できます。

・料理名の隣に調理時間の目安を入れています。基本のマサラを使うものについては「基本のマサラ＋●分」と表示しており、3ステップでつくる基本のマサラを使う場合は表示の時間＋8分、1ステップマサラを使う場合は＋3分、冷凍したつくりおきを使う場合には＋解凍時間(電子レンジ使用)とお考えください。

・ライスはカレー用万能ライス（P.82）、ターメリックライス（P.82）、レモンライス（P.97）、バスマティライス（P.98）など、お好みのものを添えてください。

・大さじ1は15cc、小さじ1は5ccです。

・レモンはものによって酸味の強さがちがうため、分量はあくまで目安です。味をみて調整してください。瓶入りのレモン果汁を使ってもよいです。

・カレーリーフはカレーの風味のある葉で、南インド料理によく使われます。最近は日本でもフレッシュが買えるようになりましたが、手に入らなければ省略してOKです。冷凍保存可。

・冷蔵庫に入れるときはラップフィルムをかけるなどして乾燥を防ぎます。

・温度、時間、火加減は飽くまで目安。厨房環境に応じて調整が必要です。

・煮込みの際には、水を適宜、補いながら煮てください。

缶詰で！

缶詰はいわば下処理済みの素材。
時短＆簡単を実現するためにこれほど便利な素材を
カレーに使わない手はありません。

鯖缶シンプルカレー

鯖缶は偉大です。鯖缶を使えばどんな料理もおいしくなります。
なので、これほどまでにシンプルなこのカレーも、やっぱりとてもおいしく仕上がります。

材料(2人分)

基本のマサラ(P.8)…2人分
水…50g
鯖水煮缶…1缶(190g)

つくり方

1. 基本のマサラをつくり、水と鯖缶(汁ごと)を加えます。つくりおきのマサラを使う場合は、フライパンにマサラとそのほかの材料をすべて入れます(右写真)。

2. 強火にかけながら混ぜ、沸騰させます。

3. 弱火にし、フタをして約1分煮ます。器に盛り、好みで赤玉ネギやショウガのせん切りや香菜をのせます。

仕上がり目安は400g!

スリーステップマサラ推奨

缶詰を使うカレーには、3ステップでつくる基本のマサラをおすすめします。1ステップマサラでもつくれなくはないのですが、缶詰の魚がやわらかいだけに、玉ネギの食感が残るのが気になります。

1.── 材料を合わせる

2.──────── 沸かす

3.────── 弱火で1分

鯖缶とオクラの
トマトマサラ

インドでは汁気少なめの濃厚なカレーをマサラと呼ぶことがあります。
追いスパイスとして、オクラや魚と相性のよいS&Bの赤缶カレー粉を
ガラムマサラ的に使いました。

材料 (2人分)

基本のマサラ (P.8) … 2人分
S&B赤缶カレー粉 … 2g
鯖水煮缶 … 1缶 (190g)
オクラ (ひと口大に切る) … 4本分
トマト (くし形切り) … 1/2個分 (約80g)

つくり方

1. 基本のマサラをつくり、そのほかの材料を加えます。缶詰は汁ごと加えてください。つくりおきのマサラを使う場合は、フライパンにマサラとそのほかの材料をすべて入れます (右写真)。

2. 強火にかけながら混ぜ、沸騰させます。

3. 弱火にし、フタをしてトマトの角が軽くくずれるまで約1分煮ます。

仕上がり目安
は450g！

1.——— 材料を合わせる

2.——————— 沸かす

3.————— 弱火で1分

鯖缶のミーンプットゥ

南インドの伝統料理「ミーンプットゥ」をベースにした、シンプルな魚キーマカレー。
鯖缶の代わりに、鮭の水煮缶を使うのもおすすめです。

材料（2人分）

サラダ油…20g
マスタードシード…2g
タカノツメ…1本
フェンネルシード（なければクミンシード）…2g
ニンニク（みじん切り）…1かけ分（5g）
玉ネギ（粗みじん切り）…約1/2個分（100g）
シシトウ（斜め小口切り）…4本分
鯖水煮缶…1缶（190g）
ターメリックパウダー…1g
カイエンペッパーパウダー…1g
ブラックペッパーパウダー…2g
塩…1g
香菜（きざむ）…4g
レモン汁…8g

つくり方

1. フライパンにサラダ油、マスタードシード、タカノツメを入れて中火にかけます（テンパリング）。マスタードシードがパチパチと弾けたらフェンネルシードを加え、10秒後にニンニク、玉ネギ、シシトウを加えて炒めます。

2. 鯖缶（汁ごと）、パウダースパイス3種、塩を加え、鯖をほぐしながら炒めてください。

3. 香菜とレモン汁を加え混ぜ、すぐに火を止めます。器に盛り、好みで赤玉ネギのスライス、ショウガのせん切り、香菜などをあしらいます。

仕上がり目安
は300g！

ミーンプットゥは、蒸し焼きにした魚をほぐして香味野菜やスパイスと炒め合わせる南インド・タミル地方の伝統料理。現地ではサメを使う事が一般的です。私の店ではアジや鮭など旬の魚を使ってつくりますが、旨みたっぷりでほぐしやすい鯖缶は実はこの料理にぴったり。また応用として鮭水煮缶を使っても鯖缶とは一味ちがう上品なおいしさが楽しめます。

1. ——————— 炒める

2. ——————— 鯖缶を投入！

3. ——————— 仕上げる

鯖缶の
ミーンコランブ

タマリンドの酸味を生かしたシャープな味わい。
タマリンドを使うと、南インドらしい本格的なテイストに仕上がります。

材料（2人分）

サラダ油…20g
マスタードシード…2g
タカノツメ…1本
ニンニク（みじん切り）…大1かけ分（8g）
玉ネギ（粗みじん切り・P.10）…1/3個分強（80g）
基本のミックススパイス（P.6）…8g
水…100g
タマリンドペースト*…4g
塩…4g
鯖水煮缶…1缶（190g）
トマト（くし形切り）…1/2個分（80g）
香菜（きざむ）…4g
ブラックペッパーパウダー…2g
＊なければレモン汁8gで代用可。

つくり方

1. フライパンにサラダ油、マスタードシード、タカノツメを入れて、中火にかけます（テンパリング）。マスタードシードがパチパチと弾けたら、ニンニクと玉ネギを加えて炒めます。

2. 玉ネギが透き通ってきたら、基本のミックススパイスを加え混ぜ、香りがたつまでさっと炒めます。

3. 水、タマリンドペースト、塩を加え混ぜて沸かし、鯖缶（汁ごと）とトマトを加えて再び沸かします。

4. フタをして弱火で約1分煮込みます。仕上げに香菜とブラックペッパーパウダーを加え混ぜ、すぐに火を止めてください。器に盛り、好みでブラックペッパーパウダー、ショウガのせん切り、きざんだ香菜をふります。

南インドの言葉で「ミーン」は魚、「コランブ」は汁気のあるスパイシーなカレーの総称です。ミーンコランブには様々なバリエーションがありますが、ここでご紹介するものはタマリンドでしっかりとした酸味を加える、現地でも特にオーソドックスとも言えるレシピがベースになっています。

1. ─────────── 炒める

2. ── スパイスを加える

3. ─────── 鯖缶を投入！

4. ─────── 弱火で1分

仕上がり目安は400g！

鯖缶ココナッツカレー

南インドを代表するフィッシュカレーのひとつ「フィッシュマラバール」風カレー。
ココナッツの自然な甘さをレモンの酸味と香菜の香りが引き締めるエキゾチックな味わい。

材料（2人分）

基本のマサラ（P.8）… 2人分
鯖水煮缶… 1缶（190g）
ココナッツミルク…60g
香菜（きざむ）…4g
レモン汁…8g

つくり方

1. 材料を合わせる

基本のマサラをつくり、鯖缶（汁ごと）とココナッツミルクを加えます。つくりおきのマサラを使う場合は、フライパンにマサラ、鯖缶、ココナッツミルクを入れます。

2. 沸かす

強火にかけながら混ぜ、沸かします。

3. 弱火で1分

弱火にし、フタをして約1分煮ます。仕上げに香菜とレモン汁を加え混ぜ、すぐに火を止めてください。器に盛り、好みでショウガのせん切りをのせます。

南インドでは、魚のカレーに必ずといっていいほど、未熟な果物や乾燥果実などの、酸味のある食材を加えます。そのもっとも代表的なものがタマリンド。このレシピでもレモン汁8gをタマリンドペースト4gに置き換えてつくると、より現地風のオーソドックスな味わいが楽しめます。

仕上がり目安は420g！

鮭缶のミーンモーレー

南インドを代表する魚カレーのひとつ
「ミーンモーレー」風のシンプルなスープカレーです。
鯖缶だと臭みが出てしまうので、鮭の水煮缶を使います。

仕上がり目安
は400g！

S&B赤缶カレー粉を、ターメリックパウダー2g＋カイエンペッパーパウダー1g＋フェヌグリークパウダー1gに置き換えると、より本場風の味わいになります。S&Bのカレー粉にはこの3種以外のスパイスも多く配合されていますが、本来はこのようにシンプルなスパイスづかいをする料理です。

材料（2人分）

サラダ油…20g
マスタードシード（あれば）…2g
ショウガ（粗みじん切り）…1かけ分（5g）
玉ネギ（粗みじん切り・p10）…1/3個分弱（60g）
シシトウ（斜め小口切り）…4本分
S&B赤缶カレー粉…4g
ココナッツミルク…150g
水…50g
塩…3〜4g
鮭水煮缶…1缶（100g）
トマト（くし形切り）…1/2個分（80g）
香菜（きざむ）…2g
レモン汁…8g

つくり方

1. 炒める

フライパンにサラダ油とマスタードシードを入れて、中火にかけます（テンパリング）。マスタードシードがパチパチと弾けたら、ショウガ、玉ネギ、シシトウを加えて約1分炒めます。

2. カレー粉を投入！

S&B赤缶カレー粉を加え混ぜ、香りがたつまで軽く炒めます。

3. 鮭缶を投入！

ココナッツミルク、水、塩を加え混ぜて沸かし、鮭缶（汁ごと）とトマトを加え混ぜて再び沸かします。

4. 弱火で1分

フタをして弱火で約1分煮込みます。仕上げに香菜とレモン汁を加え混ぜ、すぐに火を止めます。

イワシトマト煮缶の梅カレー

南インドやスリランカでよく食べられている青魚のカレーを、
イワシのトマト煮缶でより簡単に。梅干しはタマリンドの代用です。
酸味の方向性がよく似ており、再現性は意外に高いかと。

材料（2人分）

基本のマサラ（P.8）…2人分
イワシトマト煮缶…1缶（150g）
梅干し…2個
水…50g

つくり方

1. 材料を合わせる

基本のマサラをつくり、そのほかの
材料をすべて加えます。缶詰は汁ご
と。つくりおきのマサラを使う場合
は、フライパンにすべての材料を入
れて火にかけます。

2. 沸かす

強火にかけながら混ぜ、沸かします。

3. 弱火で1分

弱火にし、フタをして約1分煮ます。
器に盛り、好みで大葉のせん切りを
のせます。

梅干しの選び方

梅干しはやわらかくて大粒のもののほ
うが、カレーとなじみやすく、オススメ
です。

仕上がり目安
は360g！

あさり缶の
ラッサム風スープカレー

ラッサムは、辛くて酸っぱい、いかにも南インドらしい
スープです。本来は豆の煮汁をダシとして活用しますが、
ここでは旨みの強いアサリ缶のダシで応用してみました。

材料（2人分）

サラダ油…20g
マスタードシード…2g
タカノツメ…1本
ニンニク（みじん切り）…1かけ分（5g）
水…50g
アサリ水煮缶…110g
トマトジュース（無塩）…200g
タマリンドペースト*…4g
基本のミックススパイス（P.6）…4g
ブラックペッパーパウダー…4g
塩…4g
香菜（きざむ）…2g
＊なければレモン汁8gで代用可。

つくり方

1. テンパリング

フライパンにサラダ油、マスタード
シード、タカノツメを入れて、中火
にかけます。

2. ニンニクを炒める

マスタードシードがパチパチと弾け
たら、ニンニクを加えます。こうば
しい香りがたってきたら、ニンニク
が焦げる前に水を加えてください。

3. 残りの材料を投入！

続けて、ほかの材料をすべて加え
混ぜ、沸いたらできあがり。

ラッサムを簡単につくれる方法はない
か？ と模索した結果、なんなら植物性
オンリーの本来のラッサムよりも、う
っかりおいしくなってしまったのでは?!
というレシピができました。ぜひ一度
お試しください。

仕上がり目安
は380g！

ツナ缶ときのこのカレー

ノンオイルのツナ缶でつくればダイエットにもぴったりのヘルシーカレーに。
シンプルで食べ飽きない味わいです。
お好みでカンパーニュを添えてお召し上がりください。

材料（2人分）

基本のマサラ（P.8）…2人分
ツナ缶…1缶（70g）
シメジ（または好みのキノコ）
　…1パック分（100g）
水…50g
塩…1g

つくり方

1. 材料を合わせる

基本のマサラをつくり、そのほかの
材料をすべて加えます。缶詰は汁ご
と。つくりおきのマサラを使う場合
は、フライパンにすべての材料を入
れて火にかけます。

2. 沸かす

強火にかけながら混ぜ、沸かします。

3. 弱火で5分

フタをして弱火にかけ、5分煮れば
できあがり。器に盛り、好みで長さ
2〜3cmに切った万能ネギをのせ
ます。

仕上がり目安
は360g！

ツナ缶と茄子の
クルマ風カレー

基本のマサラ＋
7分

クルマはココナッツミルクなどを使う南インドのクリーミーなカレー。
エスニック感満点に仕上がる、ちょっと通好みなレシピです。

仕上がり目安
は440g！

材料（2人分）

基本のマサラ（P.8）…2人分
ガラムマサラ（P.7）…2g
ナス（輪切り）…1本分（80g）
シシトウ（斜め小口切り）…2本分
塩…1g
ツナ缶…1缶（70g）
ココナッツミルク…80g
水…50g
香菜（きざむ）…4g

つくり方

1. 炒める

基本のマサラをつくり、ガラムマサ
ラ、ナス、シシトウ、塩を加えてさ
っと炒め合わせます。つくりおきの
マサラを使う場合は、フライパンに
マサラとこれらの材料を入れて火に
かけ、炒め合わせます。

2. ツナ缶を投入！

ツナ缶（汁ごと）、ココナッツミルク、
水を加え混ぜて沸かします。

3. 弱火で煮る

弱火にし、フタをして煮ます。ナス
がやわらかくなったら香菜を加え混
ぜ、すぐに火を止めます。器に盛り、
好みでスライスしたトマト、ショウ
ガのせん切り、香菜などをのせます。

キャベツとツナ缶の
シンプルドライカレー

5分

炒め蒸しでささっとつくれる汁なしカレー。
鯖缶カレーやひよこ豆カレーなどに、サイドディッシュとして添えても。
つくりおきの常備菜として、冷たいまま食べてもおいしいです。

材料（2人分）

サラダ油…10g
クミンシード…ひとつまみ（0.5g）
タカノツメ…1本
キャベツ（1cm幅に切る）
　…約1/4個分（200g）
基本のミックススパイス（P.6）…2g
塩…2g
ツナ缶…1缶（70g）

つくり方

1. テンパリング

フライパンにサラダ油、クミンシード、タカノツメを入れて、中火にかけます。

2. キャベツを炒める

クミンシードのまわりにシュワシュワと泡が立ち、香りがたってきたら、キャベツ、基本のミックススパイス、塩を加えて混ぜます。

3. ツナ缶を投入！

ツナ缶を汁ごと加え、弱火にします。フタをして約2分蒸し煮したらできあがり。

仕上がり目安
は250g！

この本のレシピはほぼすべて直径20cmのフライパン推奨ですが、キャベツは生の状態ではかさばるため、このレシピと「キャベツのトーレン」（P.58）は、24cm以上の大きめのフライパンの方がつくりやすいと思います。半量なら小さいフライパンでも問題ありませんが、そうなるとスパイスや塩の使用量が少なくて計量が難しいため、味にブレが出やすくなります。

ピーマンとツナ缶の ジンジャードライカレー

5分

ピーマンのシャキシャキ感を生かして手早くつくる、お惣菜風ドライカレー。
ビールのおつまみやお弁当の一品としても活躍してくれることでしょう。

材料(2人分)

サラダ油…10g

ツナ缶…1缶(70g)

ピーマン(太めのせん切り)
　…1袋分(4〜5個/150g)

ショウガ(細めのせん切り)
　…大1かけ分(8g)

S&B赤缶カレー粉…2g

塩…2g

つくり方

1. 材料を合わせる

フライパンにすべての材料を入れます。ツナ缶は汁ごと。

2. 強火で炒める

強火にかけてサッと炒めるだけで、できあがり。

仕上がり目安
は220g!

ひよこ豆缶とズッキーニの
お気軽サンバル

南インドの豆と野菜の煮込み料理「サンバル」をモチーフにした、
ヘルシー感たっぷりの菜食カレー。

材料（2人分）

サラダ油…20g
マスタードシード…2g
タカノツメ…1本
おろしニンニク…4g
おろしショウガ…4g
玉ネギ（粗みじん切り・P.10）…約1/4個分（50g）
シシトウ（斜め小口切り）…2本分
基本のミックススパイス（P.6）…3g
S&B赤缶カレー粉…1g
塩…4g
ズッキーニ（いちょう切り）…約1/4本分（50g）
水…100g
タマリンドペースト*…4g
ヒヨコ豆水煮缶…1/4缶（豆60g＋煮汁40g）
トマト（くし形切り）…1個分（160g）
香菜（きざむ）…4g

＊省略してもOK。なければレモン汁8gでも代用可。

つくり方

1. フライパンにサラダ油、マスタードシード、タカノツメを入れて、中火にかけます（テンパリング）。マスタードシードがパチパチと弾けたら、ニンニク、ショウガ、玉ネギ、シシトウを加えて約1分炒めます。

2. 基本のミックススパイス、S&B赤缶カレー粉、塩を加えて炒め合わせ、ズッキーニを加えてスパイスをからめるように炒めます。

3. 水とタマリンドペーストを加え混ぜて、ズッキーニがやわらかくなるまで煮ます。煮込んでいる間に、ヒヨコ豆と煮汁を小さなボウルに入れ、スプーンなどでつぶしてペースト状にしておきましょう。

4. ズッキーニがやわらかくなったら、トマトと3.のヒヨコ豆のペーストを加え混ぜて、トマトの角が軽くくずれるまで煮ます。香菜を加え混ぜ、すぐに火を止めてください。

ヒヨコ豆は完全なペースト状にする必要はなく、このようにところどころに豆の形が残っているくらいの状態でOKです。

1.── 香味野菜を炒める

2.── ズッキーニを炒める

3.── ズッキーニを煮る

4.── 豆とトマトを投入！

仕上がり目安は440g！

北インド風
チャナマサラ

基本のマサラ＋
3分

北インド家庭料理の定番です。ベジ料理であるにもかかわらず、
お肉に負けない食べごたえに仕上がるのがひよこ豆のいいところです。

材料（2人分）

基本のマサラ（P.8）…2人分
ガラムマサラ（P.7）…1g
ヒヨコ豆の水煮缶
　…1/2缶（豆120g＋煮汁80g）
バター…10g
レモン汁…4g

つくり方

1. 基本のマサラをつくり、ガラムマサラ、ヒヨコ豆と煮汁を加えて沸かします。マサラは玉ネギの食感が残ってもよいので、1ステップマサラでOKです。つくりおきのマサラを使う場合は、フライパンにマサラとこれらの材料を入れて、混ぜながら強火にかけます。沸いたら中火にして、ヒヨコ豆の一部を木ベラなどでつぶしながら、全体がややもったりするまで煮ます。

2. バターとレモン汁を加え混ぜ、バターが溶けたらすぐに火を止めます。好みできざんだ香菜4gを一緒に加えてもよいです。

1.—— マサラと豆を煮る

2.——————— 仕上げる

仕上がり目安
は380g！

ヒヨコ豆はぜひ水煮缶を！

カレーに使うヒヨコ豆は、ドライパックではなく、水煮缶がオススメです。ドライパックは食感を残してゆで上げてあるため、マサラとともに煮てもかたいままですが、缶詰の水煮はやわらかいため、もったりとした食感がでます。残ったヒヨコ豆は煮汁ごと冷凍保存可能。

南インド風チャナマサラ

南インドでこのタイプのカレーには「黒ひよこ豆」がよく使われます。
ここでは手に入りやすい普通のひよこ豆の水煮缶を使ってアレンジしました。
ココナッツミルクで煮込む、エキゾチックな味わいです。

材料（2人分）

基本のマサラ（P.8）…2人分
ヒヨコ豆の水煮缶
　…1/2缶（豆120g＋煮汁80g）
シシトウ（斜め小口切り）…4本分
ココナッツミルク…80g
ブラックペッパーパウダー…2g
塩…1g
香菜（きざむ）…4g
レモン汁…4g

つくり方

1. 材料を合わせる

基本のマサラをつくり、香菜とレモン汁以外の材料を加えます。つくりおきのマサラを使う場合は、これらの材料をマサラとともにフライパンに入れて強火にかけます。マサラは玉ネギの食感が残ってもよいので、1ステップマサラでOKです。

2. 煮る

ヒヨコ豆の一部を木ベラなどでつぶしながら、全体がややもったりするまで煮ます。

3. 仕上げる

香菜とレモン汁を加え混ぜて仕上げ、すぐに火を止めます。器に盛り、好みでスライスした赤玉ネギやショウガ、きざんだ香菜、ココナッツファインをふります。

仕上がり目安
は380g！

肉で！

考えようによっては時短に貢献してくれる素材です。
から揚げ用のカット鶏肉や薄切り肉、挽き肉を使えば、
あっという間に本格カレーのできあがり。

シンプルチキンカレー

基本のマサラとカット済みの鶏肉を使えば、チキンカレーもあっという間。
親子丼用のコマ切れ肉や鍋用のスライス肉を使うと、煮込み時間をさらに短縮できます。

材料（2人分）

基本のマサラ（P.8）…2人分
鶏肉（から揚げ用カットモモ肉）…150g
ガラムマサラ（P.7）…2g
塩…2g
水…100g

つくり方

1. 基本のマサラをつくり、鶏肉、ガラムマサラ、塩を加えます。つくりおきのマサラを使う場合は、これらの材料とマサラをフライパンに入れます（右写真）。煮込み時間が長いので1ステップマサラを使っても、玉ネギの食感が残りません。

2. 鶏肉の表面の色が変わるまで中火で炒めます。

3. 水を加えて強火にかけながら混ぜ、沸かします。弱火にし、フタをして約10分煮ます。器に盛り、好みでショウガのせん切りときざんだ香菜をのせます。

仕上がり目安
は400g！

鶏肉の煮込み時間について

レシピ通りに10分ほど煮込めば中までしっかり火が通りつつジューシーな食感を楽しめますが、時間に余裕があるならば20〜30分ほど、ホロホロとやわらかくなるまで長めに煮込んでみてください。どちらもそれぞれのおいしさがあります。また、親子丼用の細かいカット肉を使えば、さらなる時短を実現することも可能です。

1.—— 材料を合わせる

2.—— 鶏肉を炒める

3.—— 弱火で10分

チェティナード風
塩チキンカレー

南インドで塩チキンと呼ばれる、セミドライタイプのカレー。
シンプルなのに驚くほど豊かな風味が楽しめるのは、まさにスパイスマジック！
お好みでカチュンバル（p.69）などを添えるとよいです。

材料 (2人分)

鶏肉 (からあげ用カットモモ肉)…250g
基本のミックススパイス (P.6)…8g
砂糖…2g
塩…4g
サラダ油…15g
マスタードシード…2g
タカノツメ…1本
フェンネルシード…1g
ニンニク (みじん切り)…大1かけ分 (8g)
玉ネギ (粗みじん切り・P.10)…1/3個分弱 (60g)
シシトウ (斜め小口切り)…2本分
トマト (くし形切り)…1/2個分 (80g)
水…50g
香菜 (きざむ)…4g
レモン汁…4g

つくり方

1. ボウルに鶏肉、基本のミックススパイス、砂糖、塩を入れ、スプーンで混ぜます。

2. フライパンにサラダ油、マスタードシード、タカノツメを入れて中火にかけます (テンパリング)。マスタードシードがパチパチと弾けたらフェンネルシードを加え、10秒後にニンニク、玉ネギ、シシトウを加えて炒めます。

3. 1.の鶏肉を2.のフライパンに加え、表面の色が変わるまで炒めます。

4. トマトと水を加えて強火にかけながら混ぜます。沸いたら弱火にして、フタをして約10分煮ます。仕上げに香菜とレモン汁を加え混ぜ、すぐに火を止めてください。

なぜ、"塩チキン"なのか

インドでは、チキンのカレーにはガラムマサラなどの強い風味のスパイスを加えるのが普通ですが、このカレーは例外的におだやかな香りのスパイスだけを組み合わせてつくります。それでも日本人にとっては充分スパイシーなのですが、インド的感覚だとこの味わいは「塩主体のシンプル味」ということのようです。それが"塩チキン"カレーという名前の所以。南インドでも肉料理に関して独特の文化を持つチェティナード地方の伝統料理です。

1. ——— 鶏肉をマリネ

2. ——— 香味野菜を炒める

3. ——— 鶏肉を炒める

4. ——— 弱火で10分

仕上がり目安は400g!

ブラックペッパー
チキンカレー

基本のマサラ＋
12分

たっぷりと入れたブラックペッパーの辛みが、
ココナッツミルクのやさしい甘さを引き締めます。南インド風のチキンカレーです。

仕上がり目安
は430g！

材料（2人分）

基本のマサラ（P.8）…2人分
鶏肉（から揚げ用カットモモ肉）…150g
ブラックペッパーパウダー…2g
塩…2g
水…50g
ココナッツミルク…80g

つくり方

1. 鶏肉を炒める

基本のマサラをつくり、鶏肉とブラックペッパーパウダーを加え、マサラを鶏肉にからめながら炒めます。煮込み時間が長いので、1ステップマサラを使っても玉ネギの食感が残りません。つくりおきのマサラを使う場合は、マサラ、鶏肉、ブラックペッパーパウダーをフライパンに入れて中火にかけ、同様に炒めます。

2. 沸かす

鶏肉の表面の色が変わるまで炒めたら、水とココナッツミルクを加えて強火にかけながら混ぜ、沸かします。

3. 弱火で10分

弱火にし、フタをして約10分煮ます。器に盛り、お好みでキャベツのトーレン（P.58）や玉ネギのアチャール（P.66）を盛り合わせます。

カルダモンチキンカレー

カルダモンのさわやかな香りを生かすため、ヨーグルトと香菜を加えて仕上げます。
いかにもインドカレーらしい北インドのチキンカレー。

仕上がり目安
は430g！

材料（2人分）

基本のマサラ（P.8）…2人分
鶏肉（から揚げ用カットモモ肉）…150g
塩…2g
ガラムマサラ（P.7）…1g
カルダモンパウダー…1g
水…80g
プレーンヨーグルト（無糖）…50g
香菜（きざむ）…4g

つくり方

1. 鶏肉を炒める

基本のマサラをつくり、水、ヨーグルト、香菜以外の材料を加え、鶏肉にからめながら炒めます。煮込み時間が長いので、1ステップマサラを使っても玉ネギの食感が残りません。つくりおきのマサラを使う場合は、これらの材料とマサラをフライパンに入れて中火にかけ、同様に炒めます。

2. 沸かす

鶏肉の表面の色が変わるまで炒めたら、水を加えて強火にかけながら混ぜ、沸かします。

3. 弱火で10分

弱火にし、フタをして約10分煮ます。仕上げにヨーグルトと香菜を加え混ぜ、沸いたらできあがりです。

シンプルキーマカレー

いたってシンプルなつくり方ですが、満足感いっぱいのキーマカレー。
基本のマサラを使うことで、驚くほど短時間かつ簡単につくれます。
常備菜としても活躍する一品。

材料（2人分）

基本のマサラ（P.8）…2人分
合挽き肉…200g
ガラムマサラ（P.7）…2g
塩…2g

つくり方

1. 基本のマサラをつくり、そのほかの材料をすべて加えます。つくりおきのマサラを使う場合は、すべての材料をフライパンに入れます（右写真）。マサラは玉ネギの食感が残ってもよいので、1ステップマサラでOKです。

2. 中火で挽き肉に火が通るまで炒めればできあがり。器に盛り、好みでトマト、赤玉ネギのスライス、香菜などをのせます。

1.—— 材料を合わせる

2.—————— 炒める

仕上がり目安
は360g！

南インド風
ココナッツ茄子キーマ

ココナッツミルクでエキゾチックに仕上げるキーマカレー。
皮なしの鶏ムネ挽き肉を使うことでココナッツの風味を立たせました。
脂の多い挽き肉を使うとくどくなるので、なるべく脂の少ない肉を使ってください。

材料（2人分）

基本のマサラ（P.8）…2人分
鶏挽き肉（皮なしムネ肉）…150g
ガラムマサラ（P.7）…2g
塩…2g
ナス（角切り）…1本分（80g）
ココナッツミルク…60g
香菜（きざむ）…2g

つくり方

1. 基本のマサラをつくり、挽き肉、ガラムマサラ、塩を加えます。つくりおきのマサラを使う場合は、これらの材料とマサラをフライパンに入れます（右写真）。マサラは玉ネギの食感が残ってもよいので、1ステップマサラでOKです。

2. 挽き肉に火が通るまで中火で炒めます。

3. ナスとココナッツミルクを加えて強火にかけながら混ぜます。

4. 沸いたら弱火にし、フタをして弱火で5分煮ます。香菜を加え混ぜて仕上げ、すぐに火を止めます。器に盛り、好みで赤玉ネギのスライスや香菜をのせます。

仕上がり目安は420g！

1.── 材料を合わせる

2.──────── 炒める

3.──── ナスを投入！

4.──── 弱火で5分

基本のマサラ＋

7分

北インド風キーママタル

北インドではキーマカレーに付きものであるマタル（グリーンピース）を加えた
定番キーマカレー。ヨーグルトで風味とコクをプラスします。

材料（2人分）

基本のマサラ（P.8）…2人分
牛挽き肉（または合挽き肉）…150g
ガラムマサラ（P.7）…2g
塩…2g
冷凍グリーンピース…50g
プレーンヨーグルト（無糖）…50g

つくり方

1. 材料を合わせる

基本のマサラをつくり、挽き肉、ガラムマサラ、塩を加えます。つくりおきのマサラを使う場合は、これらの材料とマサラをフライパンに入れて火にかけます。マサラは玉ネギの食感が残ってもよいので、1ステップマサラでOKです。

2. 炒める

挽き肉に火が通るまで中火で炒めます。

3. グリーンピースを投入！

グリーンピースを加え混ぜ、フタをして弱火で約5分煮ます。

4. 仕上げる

ヨーグルトを加え混ぜてひと煮立ちさせます。好みで、ヨーグルトとともにきざんだ香菜2gを混ぜてもよいです。器に盛り、好みでショウガのせん切りをのせます。

仕上がり目安
は380g！

ヘルシー豆腐キーマカレー

豆腐は水分の少ないもめん豆腐が適しています。
炒めながら細かめにくずすとスパイスとよくなじみ、おいしく仕上がります。
お好みで花椒を加えて風味をプラスしても。

材料（2人分）

基本のマサラ（P.8）…2人分
豚挽き肉（または鶏挽き肉）…100g
S&B赤缶カレー粉…2g
塩…2g
もめん豆腐…約1/2丁（150g）

つくり方

1. 材料を合わせる

基本のマサラをつくり、挽き肉、カレー粉、塩を加えます。つくりおきのマサラを使う場合は、これらの材料とマサラをフライパンに入れます。マサラは玉ネギの食感が残ってもよいので、1ステップマサラでOKです。

2. 炒める

挽き肉に火が通るまで中火で炒めます。

3. 豆腐を投入！

豆腐を加え、木ベラなどで細かくくずしながら炒めます。ちなみに豆腐はあえて水切りしません。お好みで花椒パウダー（1g）を加え混ぜて仕上げ、器に盛ってからさらに適量をふります。アサツキの小口切りをのせても。

仕上がり目安
は380g！

スパイシーラム
トマトカレー

基本のマサラ＋
7分

スパイスをふんだんに使い、濃厚かつさわやかに仕上げるラムカレー。
薄切り肉を使う時短レシピをご紹介していますが、
時間に余裕のあるときは角切り肉でも挑戦してみてください。

材料（2人分）

基本のマサラ（P.8）…2人分
ラム薄切り肉（または角切り肉）…150g
シシトウ（斜め小口切り）…2本分
ガラムマサラ（P.7）…2g
ブラックペッパーパウダー…1g
カルダモンパウダー…1g
塩…2g
トマト（くし形切り）…1/2個分（80g）
水…50g

つくり方

1. 基本のマサラをつくり、トマトと水以外の材料を加えます。つくりおきのマサラを使う場合は、これらの材料とマサラをフライパンに入れます。

2. 肉の表面の色が変わるまで中火で炒めます。

3. トマトと水を加えて、強火にかけながら混ぜて沸かします。弱火にしてフタをし、約5分煮ます。角切り肉でつくる場合は、煮詰まりそうになったら水を足しながら、肉がやわらかくなるまで20〜30分煮てください。器に盛り、好みでカレーに香菜を、ライスにレーズンカシュー（P.65）をのせます。

仕上がり目安
は430g！

1.——— 材料を合わせる

2.——————— 炒める

3.——————— 弱火で5分

ムスリム風
ヨーグルトラムカレー

基本のマサラ＋
7分

ムスリム（イスラム教徒）風のラムカレーです。
ヨーグルトベースで、さわやかでありながら
コクがあります。香菜とミントを加えて、風味豊かに。

仕上がり目安
は430g！

材料（2人分）

基本のマサラ（P.8）…2人分
ラム薄切り肉（または角切り肉）…150g
シシトウ（斜め小口切り）…2本分
ガラムマサラ（P.7）…2g
塩…2g
水…80g
プレーンヨーグルト（無糖）…50g
香菜（きざむ）…4g
ミント（きざむ）…1g

つくり方

1. 材料を合わせる

基本のマサラをつくり、ラム肉、
シシトウ、ガラムマサラ、塩を加
えます。つくりおきのマサラを使
う場合は、これらの材料とマサラ
をフライパンに入れます。

2. 炒める

肉の表面の色が変わるまで中火で
炒めます。

3. 弱火で5分

水を加え、強火にかけながら混ぜて
沸かします。弱火にしてフタをし、
約5分煮ます。角切り肉でつくる場
合は、煮詰まりそうになったら水を
足しながら、肉がやわらかくなるま
で20〜30分煮てください。

4. 仕上げる

ヨーグルト、香菜、ミントを加えてさ
っと煮ます。器に盛り、好みでショ
ウガのせん切りや香菜をのせます。

豚トロのチョエラ風

チョエラは藁で直火焼きした肉をスパイスでマリネするネパールの料理。
ここでは、それを手軽にアレンジし、ごはんのおかず、おつまみ、お弁当に
大活躍のスパイシーなドライカレーに。豚バラ肉や肩ロース肉でつくってもよいです。

材料（2人分）

豚トロ…200g
基本のミックススパイス（P.6）…6g
S&B赤缶カレー粉…2g
クミンシード（あれば）…1g
レモン汁…4g
塩…3g
サラダ油…10g
ニンニク（みじん切り）…大1かけ分（8g）
シシトウ（斜め小口切り）…4本分
トマト（くし形切り）…1/2個分（80g）

つくり方

1. マリネする

豚トロに、基本のミックススパイス、カレー粉、クミンシード、レモン汁、塩を合わせて、もみ込みます。

2. 焼く

フライパンにサラダ油をひき、中火で熱します。マリネした豚トロを入れ、中火から弱火で両面をこんがりと焼いてください。

3. 炒める

残りの材料を加えて、トマトの角が軽く崩れるまで炒め合わせます。

仕上がり目安
は240g！

ビーフ
ペッパーフライ

南インドで「フライ」は炒めものを指すこともあります。
現地ではかたい牛肉を煮込んでから炒めるのがスタンダードですが、
赤身のステーキ肉を使えば、さっと炒めるだけで簡単につくれます。

材料（2人分）

牛ステーキ肉（赤身）…200g
ニンニク（みじん切り）…大1かけ分（8g）
玉ネギ（粗みじん切り・P.10）…60g
シシトウ（斜め小口切り）…4本分
基本のミックススパイス（P.6）…6g
ガラムマサラ（P.7）…2g
ブラックペッパーパウダー…3g
レモン汁…4g
ココナッツファイン…10g
サラダ油…10g
塩…3g

つくり方

1. 牛肉は食べやすい大きさに切り分けます。

2. ボウルに材料をすべて入れ、肉にスパイス類をもみ込みます。全体がよく混ざったら、フライパンに広げます。

3. 中火にかけて、肉に火が通るまで炒めればできあがり。器に盛り、好みでショウガのせん切り、トマトや赤玉ネギのスライスを添えます。

仕上がり目安
は260g！

1. ——————— 肉を切る

2. ——————— マリネする

3. ——————— 炒める

ケララ風牛肉と
ジャガイモのカレー

インドのレストランでは肉を使うカレーには肉以外の具材を入れないことが一般的ですが、
家庭ではそこにジャガイモを加えることもよくあります。
素朴でボリューム感のある、南インドで出会った家庭料理の味わいです。

材料（2人分）

基本のマサラ（P.8）…2人分
牛切り落とし肉…120g
ガラムマサラ（P.7）…2g
カレーリーフ（あれば）…8枚
塩…2g
ジャガイモ（皮をむき、ひと口大に切る）
　…小1個分（80g）
ココナッツミルク…60g
水…80g

つくり方

1. 材料を合わせる

基本のマサラをつくり、牛肉、ガラムマサラ、カレーリーフ、塩を加えます。つくりおきのマサラを使う場合は、これらの材料とマサラをフライパンに入れます。

2. 炒める

肉の色が変わるまで中火で炒めます。

3. 煮る

残りの材料を加えて強火にかけながら混ぜます。沸いたら弱火にしてフタをし、ジャガイモがやわらかくなるまで煮ます。器に盛ります（写真で飾っているのはフレッシュのカレーリーフ）。

仕上がり目安
は450g！

野菜で！

南インド料理では野菜をたくさん使いますが、
実は野菜のカレーには、そんなに時間をかけずに
つくれるものがいろいろあるんです。
付け合わせにも最適。

キャベツのトーレン

キャベツの甘みをココナッツが引き立てる、南インドケララ地方のシンプルな野菜おかず。
サイドディッシュとしてどんなカレーにもよく合います。

材料(つくりやすい分量)

A
├ サラダ油…10g
├ マスタードシード…2g
└ タカノツメ…1本

B
├ キャベツ(太めのせん切り)
│ …約1/4個分(200g)
├ ターメリックパウダー…1g
└ 塩…2g

ココナッツファイン…20g

つくり方

1. フライパン(直径20cm以上)にAを入れて中火にかけます(テンパリング)。マスタードシードがパチパチと弾けたらBを加え混ぜます。

2. 水大さじ1(分量外)を加えてフタをし、弱火で約2分蒸し煮します。

3. 火を止め、ココナッツファインを加え混ぜます。

ニンジンのトーレン

ニンジンとクミンは相性抜群。レモンのさわやかな酸味で仕上げます。
キャロットラペ感覚で冷たい常備菜としても。
ニンジンをせん切りにするのがちょっと面倒ですが、太さがバラバラでも全く問題ありません。

材料(つくりやすい分量)

A
├ サラダ油…10g
├ クミンシード…2g
└ タカノツメ…1本

B
├ ニンジン(せん切り)
│ …大1本分(200g)
├ ターメリックパウダー
│ …少量(0.5g)
└ 塩…2g

C
├ レモン汁…4g
└ ココナッツファイン…20g

つくり方

1. フライパンにAを入れて中火にかけます(テンパリング)。クミンシードのまわりにシュワシュワと泡が立ち、香りがたってきたら、Bを加え混ぜます。

2. 水大さじ1(分量外)を加えてフタをし、弱火で約2分蒸し煮します。

3. 火を止め、Cを加え混ぜます。

お気軽オニオントマトラッサム

ラッサムはインドで毎日のように食べられている、辛くて酸っぱいスープ。
通常は豆の煮汁を使いますが、かわりに玉ネギとたっぷりのトマトで自然な旨みをプラス。
スープとしても、ご飯にかけても楽しめます。

材料(2人分)

- A
  - サラダ油…20g
  - マスタードシード…2g
  - タカノツメ…1本
- B
  - 玉ネギ(粗みじん切り・P.10)
    …30g
  - ニンニク(みじん切り)
    …1かけ分(5g)
- トマト(くし形切り)…1/2個分(80g)
- トマトジュース(無塩)…200g
- 基本のミックススパイス(P.6)…4g
- ブラックペッパーパウダー…2〜4g
- タマリンドペースト*…4g
- 水…50g
- 塩…4g
- 香菜(きざむ)…2g

＊なければレモン汁8gで代用可。

つくり方

1. フライパンにAを入れて中火にかけます(テンパリング)。マスタードシードがパチパチと弾けたら、Bを加え混ぜます。

2. 玉ネギがしんなりしたら、残りの材料をすべて加え、トマトの角が軽くくずれるまで煮ます。

小松菜のサーグ

青菜炒めは強火で短時間で炒めなきゃいけないと思ってませんか? ここでは中火でだらだらじっくり炒めるネパールの手法をご紹介します。実はだらだら炒めでも青菜のシャッキリ感と鮮やかな緑色は健在。しかもご飯によく合う味わいと食感に仕上がります。

材料(つくりやすい分量)

- A
  - サラダ油…15g
  - クミンシード…ひとつまみ
  - タカノツメ…1本
  - ニンニク(みじん切り)
    …1かけ分(5g)
- B
  - 小松菜(ざく切り)
    …1/2束(150g)
  - ターメリックパウダー
    …少量(0.5g)
  - 塩…1g

つくり方

1. フライパンにAを入れて中火にかけます(テンパリング)。クミンシードのまわりにシュワシュワと泡が立ち、香りがたってきたら、Bを加え混ぜます。

2. 中火のまま、小松菜に火が通るまでじわじわと炒めてください。

茄子のシンプルスパイスロースト

茄子にスパイスと塩をまぶして揚げ焼きするだけで、一品完成。スパイスをまぶす時は
ビニール袋に材料をすべて入れてふると簡単で、洗いものも減らせます。
袋に少し空気を入れて口をとじるとまぶしやすいです。

材料（2人分）

A ┌ 基本のミックススパイス
  │   （P.6）…2g
  │ ナス（輪切り）
  │   …1本分（100g強）
  └ 塩…1g
サラダ油…20g

つくり方

1. ビニール袋にAを入れ、口を片手でつかんとじ、袋をふってナスにスパイスと塩をまぶします。

2. フライパンでサラダ油を熱し、1.をじっくりと揚げ焼きします。

オクラのサブジ

おそうざい感覚のドライカレー。シンプルですが、しっかり満足感のある味わいです。
お弁当にもぴったり。

材料（2人分）

A ┌ サラダ油…10g
  │ 玉ネギ（粗みじん切り・P.10）
  │   …30g
  │ おろしニンニク…1g
  └ おろしショウガ…1g
B ┌ オクラ（2cm幅に切る）
  │   …1袋分（80g）
  │ 基本のミックススパイス（P.6）
  │   …1g
  │ S&B赤缶カレー粉
  │   …少量（0.5g）
  └ 塩…1g

つくり方

1. フライパンにAを入れ、中火にかけて炒めます。

2. 玉ネギがしんなりとしたら、Bを加えて軽く炒め合わせます。

3. 水大さじ1（分量外）を加え混ぜてフタをします。弱火で2分蒸し煮すればできあがり。

青豆と筍のポリヤル

南インドのベジおかず「ポリヤル」を水煮の筍と
冷凍グリーンピースで手早く、簡単に。旨みの濃い
素材同士なので野菜だけでも充分な満足感があります。

タケノコの白い粉

タケノコの水煮によく付いている白い粉のようなもの
は、チロシンという体にもいい成分。この料理では、
どうせ最後にココナッツファインと混ざって目立た
なくなるので無理に取り除かなくても大丈夫です。

材料（2人分）

```
    ┌ サラダ油…10g
A │ マスタードシード…2g
    └ タカノツメ…1本
    ┌ タケノコ水煮（一口大に切る）
    │     …約1本分（120g）
    │ 冷凍グリーンピース…80g
B │ 基本のミックススパイス
    │     （P.6）…2g
    └ 塩…2g
ココナッツファイン…20g
```

つくり方

1. フライパンにAを入れて中火
にかけます（テンパリング）。
マスタードシードがパチパチ
と弾けたらBを加えて炒め合
わせます。

2. 火を止め、ココナッツファイ
ンを混ぜてできあがり。

くたくたブロッコリーマシヤル

マシヤルは緑の野菜をペースト状に仕上げる南インドの
ベジおかず。ここではブロッコリーを使い、ニンニクのパンチを
効かせました。火の通りやすい冷凍ブロッコリーを使えば、
簡単に煮くずすことができます。

前菜にも

サラダ油をオリーブオイルに変える
とイタリアン風の前菜やパスタソー
スにも早変わり！

材料（2人分）

```
    ┌ サラダ油…20g
    │ タカノツメ…1本
    │ ニンニク（みじん切り）
A │     …1かけ分（5g）
    │ 玉ネギ（粗みじん切り・P.10）
    └     …1/3個分強（60g）
    ┌ 冷凍ブロッコリー…150g
    │ 基本のミックススパイス
B │     （P.6）…2g
    └ 塩…2g
水…50g
ブラックペッパーパウダー…1g
```

つくり方

1. フライパンにAを入れて中火
にかけます。玉ネギがしんな
りしてニンニクの香りがたっ
てきたらBを加えてさっと炒
め合わせます。

2. 水を加え混ぜて沸かします。
フタをして弱火にし、5分
蒸し煮します。

3. ブロッコリーが完全にやわ
らかくなったらざっとつぶ
し、ブラックペッパーパウ
ダーを加え混ぜてください。

南インドのポテトマサラ

ポテトのホクホクとしたおいしさを香味野菜が引き立てる洗練された味わい。南インドでは
ドーサというクレープに包んで食べたりもします。そのまま冷やせばポテトサラダ風に。

材料（2人分）

```
┌ サラダ油…20g
A │ マスタードシード…2g
└ タカノツメ…1本
┌ おろしショウガ…4g
│ 玉ネギ（粗みじん切り・P.10）
│   …1/3個分強（60g）
B │ シシトウ（斜め小口切り）
└   …2本分
┌ ジャガイモ（いちょう切り）
│   …2個分（200g）
│ ターメリックパウダー…1g
C │ 塩…2g
│ カイエンペッパーパウダー
└   …少量（0.5g）
水…50g
レモン汁…4g
```

つくり方

1. フライパンにAを入れて中火にかけます（テンパリング）。マスタードシードがパチパチと弾けたらBを加えて炒め合わせます。

2. 玉ネギがしんなりとしたら。Cを加えてさっと炒めます。

3. 水を加え混ぜて沸かし、フタをして弱火でジャガイモがやわらかくなるまで約5〜10分蒸し煮します。

4. お好みできざんだ香菜4gを加え、軽くつぶすようにして混ぜます。火を止め、レモン汁を加え混ぜて仕上げます。

アルゴビマサラ

ジャガイモ（アルー）とカリフラワー（ゴビ）のドライカレー。
食べごたえ満点な、インドの「おふくろの味」です。ライスだけでなく、パンにもよくあいます。

材料（2人分）

```
ジャガイモ（皮をむいてひと口大に
　切る）…1個分（100g）
カリフラワー（小房に分ける）
　…80g
基本のマサラ（P.8）…2人分
┌ 冷凍グリーンピース（または
│   冷凍インゲン）…20g
A │ 塩…2g
└ 水…50g
```

つくり方

1. ジャガイモを水からゆで、沸騰したらカリフラワーも加えて、ジャガイモがやわらかくなるまでゆでます。

2. ジャガイモをゆでる間に、基本のマサラをつくるか、つくりおきしたものを鍋で温めます。

3. 2.に湯をきった1.とAを加え混ぜ、沸いたら弱火にしてフタをし、2分煮ます。

かぼちゃのシンプルココナッツカレー

南インドでオーランと呼ばれるカボチャと豆のココナッツ煮込みです。
甘くないゆで小豆か黒豆が入るとより本場風ですが、甘い煮豆でも実は意外とアリです。

材料(2人分)

カボチャ(冷凍でも生でも)
　…1/8〜1/9個分(100g)
水…50g

A
- ココナッツミルク…100g
- クミンパウダー…1g
- ターメリックパウダー…1g
- ブラックペッパーパウダー
　…1g
- 塩…2g

ゆで黒豆か小豆(あれば)…適量

B
- サラダ油…10g
- マスタードシード…1g
- タカノツメ…1本

つくり方

1. カボチャは皮をむいてひと口大に切り、水とともに鍋に入れます。いったん沸かし、フタをして弱火でカボチャがやわらかくなるまで蒸し煮します。

2. Aを加え混ぜ、全体がとろっとするまで、かぼちゃを軽くくずしながらさっと煮ます。ここで、あればゆで豆を加えます。

3. フライパンにBを入れて中火にかけます(テンパリング)。マスタードシードがパチパチと弾けたら、油ごと2.の鍋に加え混ぜます。この工程は面倒ならば、省略してもOKです。

ミックス野菜のココナッツカレー

南インド風の彩り華やかなベジカレーです。いろいろな野菜をココナッツミルクで煮るため、
ヘルシーでありながらリッチな仕上がりに。

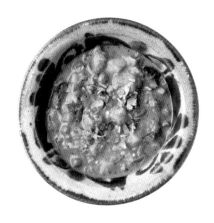

材料(2人分)

野菜(ジャガイモ、ニンジン、
　カリフラワー、インゲン、
　グリーンピース、キャベツなど、
　お好みで)…合わせて150g
水…50g
塩…2g
基本のマサラ(P.8)…2人分
ココナッツミルク…60g

つくり方

1. 鍋に野菜、水、塩を火にかけて沸かし、フタをして弱火で蒸し煮します。

2. その間に基本のマサラをつくるかつくりおきしたものを温め、ココナッツミルクを加えて温めます。

3. 1.の野菜に火が通ったら、煮汁ごと2.に加えます。お好みできざんだ香菜2gとブラックペッパーパウダー2gを加えて、沸かします。

冷蔵庫一掃ジャルフレジ

中途半端に残った冷蔵庫の残り野菜やお肉を一気に片付けてしまいましょう！
というカレーです。野菜だけでもおいしくつくれます。

材料（2人分）

野菜と肉…適量
A ┌ サラダ油…野菜と肉の合計
  │　　重量の5％
  │ おろしニンニク…同じく1％
  └ おろしショウガ…同じく1％
基本のミックススパイス（P.6）
　…同じく2％
お好みの追いスパイス（P.7）
　…少量
塩…同じく1％

この配合は黄金比

どんな材料を入れても一定以上においしく仕上がりますが、材料の組み合わせによっては思わぬミラクルが起こります！（特にオススメはトマト、玉ネギ、ピーマン入り）。この重量パーセントのレシピに慣れておくとさまざまなカレーに応用できます。野菜が中途半端に余るのがイヤで、レシピ本の分量通りにつくらない人ってけっこういると思うのですが、ぜひ分量通りにつくって、余った野菜でこのカレーをつくってください！

つくり方

1. 野菜と肉は冷蔵庫に残っているものをなんでもお好きなだけ使ってください。まず、フライパンにAを入れて炒め、香りがたってきたら肉をさっと炒めます。

2. 野菜と残りの材料をすべて加え、さっと炒めます。追いスパイスはなくてもOKです。焦げつかないように水少量（分量外）を加えてフタをし、弱火にかけます。

3. 肉に火が通り、野菜が完全にやわらかくなるまで蒸し煮します。野菜から水分が出きって、くたくたになるくらいまで火を通して、全体をよくなじませた方がおいしいです。

付け合わせ

ちょっとした付け合わせが一つ二つあれば、
カレーを味わう楽しさはグンと広がります。
見た目もまるでお店みたいに華やかに！

プレーンヨーグルト

一番簡単でどんなカレーにも合う付け合わせがこれ。
箸休めやお口直しとしても、カレーにちょっとずつ混ぜても。
意外かもしれませんが単体でライスに混ぜて食べるのも
慣れるとヤミツキになるはずです！

レーズンカシュー

ライスにトッピングするだけでアクセントに。専門店の盛り付けを実現してくれます。

材料

バター… 5g
カシューナッツ（ローストしたもの）
　　…100g
グリーンレーズン…30g

つくり方

1. フライパンにバターを入れて中火
   にかけます。バターが溶け始めた
   ら、カシューナッツを加えてくだ
   さい。

2. バターがカシューナッツにから
   まり、ややこうばしい香りがす
   るまで軽く炒めます。

3. 火を止めてレーズンを加え混ぜ
   ます。冷めたらジャムの空き瓶
   などに密閉して保存します。

トマトのアチャール

生のトマトを煮くずしてつくる、ペースト状のアチャールです。
カレーの付け合わせとしてだけでなく、焼いた肉や点心のタレとしても活用できる優れもの。
トマト缶を使うと、また別のおいしさに。

材料

トマト(1cm角切り)…1個分(160g)
塩…2g
おろしニンニク…4g
おろしショウガ…4g
基本のミックススパイス(P.6)…4g
花椒パウダー(あれば)…1g
香菜(お好みで)…2g
サラダ油…10g

つくり方

1. 鍋にすべての材料を入れて火にかけ、トマトが煮くずれてやや煮詰まるまで加熱します。

玉ネギの
アチャール

アチャールはいわばインドのお漬物。このアチャールは、
切って混ぜるだけのお手軽レシピです。
生玉ネギのピリっとした辛みが薬味としてカレーを引き立てます。

材料

赤玉ネギ(または玉ネギ/スライス)
　…1/2個分(100g)
カイエンペッパーパウダー…少量(0.5g)
ターメリックパウダー…少量(0.5g)
レモン汁…20g
塩…2g

つくり方

1. 材料をすべて混ぜ合わせるだけでできあがり。

キュウリと香菜のアチャール

パクチーサラダ感覚で楽しめるヘルシーなアチャールです。

材料

キュウリ(1cm幅の輪切り)
　…1本分(100g)
香菜(ざく切り)…30g
ミント(あれば)…10g
ターメリックパウダー…少量(0.5g)
カイエンペッパーパウダー…少量(0.5g)
レモン汁…20g
塩…2g

つくり方

1. 材料をすべて混ぜ合わせるだけでできあがり。お好みでミントを飾ってください。

大根のウールガイ

ウールガイは南インドならではの辛くて酸っぱいお漬物です。
現地では未熟な青マンゴーがよく使われますが、食感の似ている大根を代わりに使いました。
未熟マンゴーにあって大根には無い酸味はレモン汁でおぎないます。

材料

A
- 大根（1cm角切り）
  …2〜3cm分（100g）
- ターメリックパウダー…1g
- フェヌグリークパウダー…3g
- カイエンペッパーパウダー…6g
- 塩…8g
- 水…30g

B
- サラダ油…40g
- マスタードシード…2g

レモン汁…20g

つくり方

1. Aを混ぜ合わせます。

2. フライパンにBを入れて火にかけます（テンパリング）。マスタードシードが弾けたら、1.を加えて弱めの中火で約3分煮ます。

3. レモン汁を加え混ぜて火を止めます。消毒した瓶に入れて冷蔵庫におき、2〜3日後から食べられます。保存する際にはオイルが表面を完全に覆った状態にし、取り出すときは清潔なスプーンを使います。なるべく表面が油で覆われた状態をキープすれば、冷蔵庫で約1ヶ月ほど保存可能です。

レモンのウールガイ

レモンの漬物？ と聞くと意外かもしれませんが、驚くほどご飯によく合います。
特にプレーンヨーグルトを混ぜたご飯との相性は抜群。

材料

A
- レモン（皮付きのまま1cm角切り）
  …1個分（120g）
- カイエンペッパーパウダー…6g
- フェヌグリークパウダー…3g
- ターメリックパウダー…1g
- 塩…8g
- 水…30g

B
- サラダ油…40g
- マスタードシード…2g

つくり方

1. Aを混ぜ合わせます。

2. フライパンにBを入れて火にかけます（テンパリング）。マスタードシードが弾けたら、1.を加えて弱めの中火で約3分煮ます。

3. 消毒した瓶に入れて冷蔵庫におき、2〜3日後から食べられます。保存する際にはオイルが表面を完全に覆った状態にし、取り出すときは清潔なスプーンを使います。なるべく表面が油で覆われた状態をキープすれば、冷蔵庫で約1ヶ月ほど保存可能です。

チキンピックル

鶏のササミを、スパイスオイルで加熱し、酢を加える南インドの伝統的な保存食です。
常備菜としても、お酒のおつまみにもぴったりです。

材料

A
- 鶏ササミ* … 約2本（100g）
- おろしニンニク … 4g
- おろしショウガ … 4g
- 基本のミックススパイス（P.6） … 2g
- カイエンペッパーパウダー … 1g
- ガラムマサラ（P.7）… 1g
- 塩 … 2g

B
- サラダ油 … 60g
- マスタードシード（あれば）… 2g
- タカノツメ … 1本

米酢 … 30g

*一口大に切っておきます。

つくり方

1. Aを混ぜ合わせます。

2. フライパンにBを入れて火にかけます（テンパリング）。マスタードシードが弾けたら、1.を入れて弱めの中火で約5分煮ます。

3. 鶏肉に完全に火が通り、油にスパイスの色がついたら火を止め、米酢を加えてください。冷めたら消毒した瓶に入れ、オイルから鶏肉が出ない状態にして密閉し、冷蔵庫にひと晩おきます。保存する際にはオイルが表面を完全に覆った状態にし、取り出すときは清潔なスプーンを使います。なるべく表面が油で覆われた状態をキープすれば、冷蔵庫で約1週間ほど保存可能です。

紫キャベツのピクルス

紫キャベツの鮮やかな色合いはプレートを華やかに彩ってくれます。
甘酸っぱさとシャキシャキとした食感で、誰にでも好まれる万能カレー薬味です。

材料

A
- 米酢 … 40g
- 砂糖 … 20g
- 水 … 40g
- 塩 … 2g

紫キャベツ（太めのせん切り）… 200g

つくり方

1. 鍋にAを入れて沸かします。このとき、あればブラックペッパー、カルダモン、クローブ、ベイリーフなど、お好みのホールスパイスを加えてもよいです。

2. 1.が温かいうちに紫キャベツを加え、粗熱がとれたら冷蔵庫に入れてひと晩漬けます。急いでいる場合は1.を冷ましてジップ袋などに入れ、キャベツを加えてもむとよいです。冷蔵庫で1週間保存可能。

キュウリとトマトの
ライタ

生野菜とヨーグルトを使った、インド全土でよく食べられている
さっぱりした和えものです。箸休めとしてだけでなく、
ライスやビリヤニにかけて食べたりもします。

材料

キュウリ(1.5cm角切り)…1本分(100g)
トマト(1.5cm角切り)…1/2個分(80g)
プレーンヨーグルト(無糖)…120g
クミンパウダー…少量(0.5g)
ブラックペッパーパウダー…1g
塩…2g

つくり方

1. 材料をすべて混ぜ合わせればで
きあがり。

カチュンバル

ノンオイルでヘルシー&シンプルなインドの定番薬味サラダです。
お肉系のカレーと合わせると、さっぱりしてちょうどよい箸休めになります。

材料

キュウリ(1.5cm角切り)…1/2本分(50g)
トマト(1.5cm角切り)…1/4個分(40g)
赤玉ネギ(または玉ネギ。1cm角切り)
　…約1/10個分(20g)
シシトウ(輪切り)…1本分
レモン汁…10g
塩…1g

つくり方

1. 材料を混ぜ合わせればできあが
り。

スンダル風ひよこ豆のレモンココナッツサラダ

南インドでスンダルと呼ばれるひよこ豆のシンプルスナックを
チョップドサラダ風に仕上げます。
仕上げのテンパリングは省略してサッパリ仕上げるのもアリです。

ドライパック推奨

ヒヨコ豆の水煮は缶詰、紙パック、ドライパッ
クのものが市販されており、缶詰はやわらかく
煮たものが多くてドライパックはかためのゆで
上がり。最近よく見かける紙パックのものはち
ょうど中間くらいです。サラダに使うには食感
を残してゆでたドライパックがおススメです。

材料

A ┌ ヒヨコ豆水煮(汁気をきる)
　│　…120g
　│ キュウリ(1cm角切り)…1/2本分(50g)
　│ トマト(1cm角切り)…1/2個分(80g)
　│ ココナッツファイン…20g
　│ レモン汁…20g
　│ ブラックペッパーパウダー…1g
　└ 塩…1g
B ┌ サラダ油…10g
　│ タカノツメ…1本
　└ マスタードシード…2g

つくり方

1. Aを混ぜ合わせます。

2. フライパンにBを入れて火にかけ
ます(テンパリング)。マスタード
シードがパチパチと弾けたら、油
ごと1.にかけて混ぜ合わせます。

本格ターリープレート▶P.72

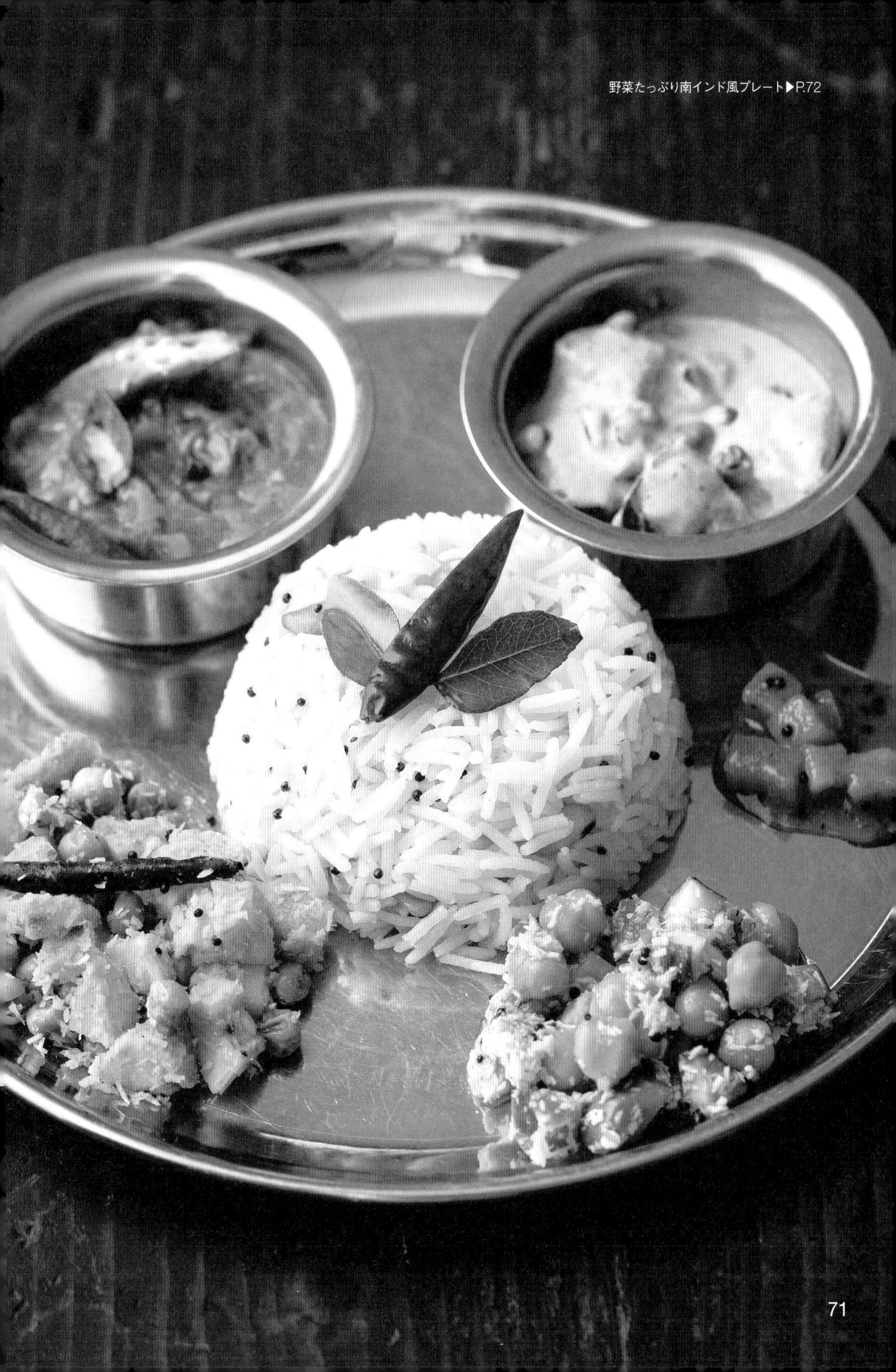

野菜たっぷり南インド風プレート▶P.72

本格ターリープレート（P.70）

すぐできるカレーとつくりおきの副菜を組み合わせれば、こんな豪華なプレートも楽しめます。

1　鯖缶シンプルカレー（P.16）
2　ツナ缶ときのこのカレー（P.28）
3　紫キャベツのピクルス（P.68）
4　プレーンヨーグルト（P.65）
5　北インド風キーママタル（P.48）
6　ニンジンのトーレン（P.58）
7　くたくたブロッコリーマシヤル（P.61）
8　ターメリックライス（P.82）

野菜たっぷり南インド風プレート（P.71）

手軽にいろいろな野菜がとれるのもカレーの魅力。南インド風のヘルシーな盛り合わせプレートです。

1　鯖缶とオクラのトマトマサラ（P.18）
2　かぼちゃのシンプルココナッツカレー（P.63）
3　大根のウールガイ（P.67）
4　スンダル風ひよこ豆のレモンココナッツサラダ（P.69）
5　青豆と筍のポリヤル（P.61）
6　レモンライス（P.97）

相盛りスパイスカレープレート（上記）

主役級のカレーを2種類盛り合わせて、専門店のスパイスカレー顔負けの大満足な一皿を。

1　ブラックペッパーチキンカレー（P.42）
2　スパイシーラムトマトカレー（P.50）
3　玉ネギのアチャール（P.66）
4　カチュンバル（P.69）
5　ターメリックライス（P.82）

裏技！

時には思い切って市販のカレールーや
レトルトカレーを使ってアレンジ。
さらなる時短やバリエーションの広がりを目論みます。

カレールーで！
カレースタンド風 素カレー

基本のマサラに市販のカレールーと水を加えて沸かすだけで、アラ不思議。
あっという間にカレースタンドの味わいに。
買ってきたカツを乗せれば、専門店のカツカレーにもひけを取りません。

基本のマサラ（P.8）
2人分

市販のカレールー
1かけ（24g）

水
150g

＊玉ネギの食感が残ってもよいので、
　1ステップマサラでもOKです。

プラス
＋
カツカレー

トンカツで！

プラス
＋
カフェ風
野菜カレー

揚げ野菜で！

カレールーで！
ゴロゴロチキンカレー

カレーが美味しいと評判の某牛丼チェーンの味わいを
お気軽に。ボリュームたっぷり、腹ペコ男子も
大満足です。お湯で溶いたカレールーの代わりに
「カレースタンド風素カレー」(左ページ) を使えば、
より再現度の高い本格的な味わいになります。

カレールー
基本的にはお好みのものをお使いくださ
い。S&Bのものは市販ルーにありがち
なもったりとした重さがなく、シンプル
な味わい。スパイスに加えて香味野菜
のさわやかな香りが個人的に好みです。

材料 (2人分)

鶏肉 (からあげ用カットモモ肉)…200g
塩、ブラックペッパーパウダー、
　ガラムマサラ (P.7)…各適量
玉ネギ (太めのスライス)
　…1/4個分弱 (40g)
市販のカレールー…1かけ (24g)
お湯…150g

つくり方

1. 下味をつける
鶏肉に塩、ブラックペッパーパウダ
ー、ガラムマサラをふってなじませ、
下味をつけます。

2. 鶏肉を焼く
冷たいフライパンに鶏肉を入れま
す。皮を下にして、ぴったりとフラ
イパンに密着させてください。中火
にかけ、肉に7割ほど火が通ったら
ひっくり返して裏面も焼きます。焼
いている間に、カレールーをお湯で
溶いておきます。

3. 玉ネギを炒める
鶏肉にだいたい火が通ったら、玉ネ
ギを加えてさっと炒め合わせ、肉に
完全に火を通してください。

4. カレールーを投入
お湯で溶いたカレールーを鍋に加
え、ひと煮立ちさせたらできあがり
です。カレースタンド風素カレーを
使う場合は左ページのできあがりの
半量 (180g) を加えてください。

仕上がり目安
は400g！

サラダチキンで！
はちみつバターチキンカレー

大人も子どももみんな大好きなバターチキンカレーがあっという間につくれます。
チーズトーストを添えればブランチにもぴったり！
お好みでカルダモンパウダーを加えると、ちょっとオトナの味わいに。

サラダチキン

急いでいるときは衛生管理という観点からも生肉、生魚を扱うのは少し億劫になりがちですが、加工済みのサラダチキンは強い味方。セブンイレブンのものはナチュラルな味つけで使いやすいです。

材料（2人分）

バター…20g
おろしニンニク…2g
おろしショウガ…2g
サラダチキン（汁ごと）…1パック
トマト水煮缶…200g
基本のミックススパイス（P.6）…2g
ガラムマサラ（P.7）…1g
カルダモンパウダー（お好みで）…1g
生クリーム…60g
ハチミツ…20g
塩…3g

つくり方

1. 炒める

フライパンにバターを溶かし、ニンニクとショウガを炒めます。

2. 煮る

香りがたってきたら、角切りにしたサラダチキンとそのほかの材料をすべて入れ、軽く煮込みます。サラダチキンはパックの中の汁も加えてください。食パンにスライスチーズをのせてオーブントーストで焼いたチーズトーストとよく合います。

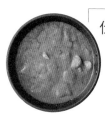

仕上がり目安は400g！

スパムで！
ポークビンダルー

カレーマニアに人気絶大のポークビンダルー。
本来はかなり手間のかかる料理ですが、たったの10分でそれっぽく再現できてしまいます。
今までの苦労は何だったのか……。

スパム

スパムにはジャンクなイメージもありますが、実は製法自体はヨーロッパの伝統的な食肉加工品と同様。味つけが過剰な場合も多い国産のハムソーセージよりも、素材としての使いやすさがあります。

材料（2人分）

スパム（角切り）…1/3缶分（110g）
基本のマサラ（P.8）…2人分
ガラムマサラ（P.7）…2g
トマトケチャップ…30g
米酢…15g
スープの素（顆粒）…3g
水…80g

つくり方

1. 煮る

フライパンにすべての材料を入れ、ひと煮立ちさせる。

仕上がり目安
は400g！

鯖缶で！炊飯器プラオ

プラオはインドの炊き込みご飯。ビリヤニとのちがいについては様々な説がありますが、
あくまで具よりも米が主役であることが定義だといえると思います。
つまり日本の炊き込みご飯と思想は同じ、ということですね。
このプラオも本格的なスパイスご飯でありつつどこか懐かしい味わいが楽しめます。

材料（つくりやすい分量）

- サラダ油…15g
- ショウガ（せん切り）…10g
- 玉ネギ（粗みじん切り・P.10）…60g
- A クミンシード…1g
- ブラックペッパーホール（あれば）…6粒
- 塩…4g
- 基本のミックススパイス（P.6）…4g

日本米…2合
鯖水煮缶…1缶（190g）
水…適量

鯖缶

炊き込みご飯の具材にもぴったりの素材。実は日本各地の農村地域ですでに炊き込みご飯の材料として、新・郷土料理化しています。もちろんマサラとともに炊き込むこのインド風も絶品です！

1. フライパンをハカリにのせ、Aを計量します。中火にかけます。

2. 玉ネギがしんなりするまで炒めます。

3. 炊飯器に、といだ米（または無洗米）と鯖缶の汁を入れます。

4. 水を加えます。加える量は炊飯釜の2合の線よりもやや下あたりにくるくらいまで、とやや少なめにします。

5. スプーンなどで軽くかき混ぜ、鯖缶の汁が全体に均等に行き渡るようにします。

6. 2.を加えます。

7. 鯖缶の鯖をのせて、炊き込みご飯モードで炊きます。

8. 炊き上がり。

9. しゃもじで鯖ごと軽くほぐし、器に盛ります。お好みでアサツキの小口切りなどをのせても。

レトルトカレーで！
チキンビリヤニ

炊飯器と電子レンジの合わせ技で完成させる、まさかの本格レトルトカレービリヤニ。
ホールスパイスを省略すれば、炊飯器に匂いが付かないのも何気に魅力です。

レトルトカレー

レトルトカレーはお好みのものでかまいませんが、肉がたくさん入ってサラッとスパイシーなものがおすすめ。手前味噌ですが、私が監修したS&Bの「噂の名店　南インド風チキンカレー」はイチオシです！

米とカレーの層ができる炊き上がりがベスト。
層を崩さないようにざっくりとすくって盛ります。

材料(つくりやすい分量)

バスマティライス… 1合 (150g)
水*¹… 適量
バター… 20g
ホールスパイス (省略可)*²… お好みのものを適量
塩… 2g
レトルトカレー
　(「噂の名店 南インド風チキンカレー」S&B)… 1袋
香菜 (きざむ)… 4g
ミント (きざむ)… 4g
ターメリックパウダー*³… 1g

*1 日本米を炊くときと同様の水加減で炊きます。バス
　マティライスは吸水率が高いため、この水加減だと
　かために炊き上がり、ビリヤニにちょうどいいのです。
*2 たとえば、カルダモン1粒、クローブ1本、シナモンス
　ティック1/3本、ベイリーフ1枚、ブラックペッパー4
　粒など。炊飯器にホールスパイスの匂いが移るのを避
　けたい場合は、電子レンジで加熱する際に、レトルト
　カレーの上に香菜やミントとともにのせてもよいです。
　ただし、炊き込む場合にくらべて、香りはやや劣ります。
*3 少量の水で溶いておいてください。

1. 炊飯器にバスマティライス、水、バター、ホールスパイス、塩を入れて炊きます。

2. 炊き上がったら、ホールスパイスをいったん取り除きます。あとで使うので取っておいてください。

3. 電子レンジで使える耐熱性のボウルに、炊き上がったバスマティライスの半量を入れ、その上にレトルトカレーをすべてのせます。

4. レトルトカレーの上に香菜とミントを散らします。

5. 香菜とミントの上に残りのライスをのせます。2.で取り除いたスパイスをのせ、水で溶いたターメリックをところどころに回しかけます。

6. ボウルにぴっちりとラップをして600Wの電子レンジに3分かけ、解凍モード (200W) にしてさらに10分加熱します。

7. 取り出すと、こんなふうにラップがふくらんでいます。このまま蒸らすとラップがしぼんで、ライスを押しつぶしてしまうことも。

8. そこで、ラップの一部に包丁などで空気抜きの切り目を入れます。

9. そして、蒸気を逃がさないように、すぐにフタをのせます。このまま5分蒸らせば完成です。

ライス

ここでは、どんなカレーにもよく合うカレー用万能ライスと
定番のターメリックライスをご紹介します。カレー用万能ライスは
バスマティライスのパラパラ感と日本米のおいしさをいいとこどりした
誰にでも愛されるカレー専用ご飯です。水加減はなんと、日本米を炊くときのまんま！
バスマティライスと日本米の吸水率の差を利用したマジックです。
ターメリックライスはほんのりとしたスパイス風味とバターのコクが、
カレーのおいしさをより引き立てます。

カレー用万能ライス

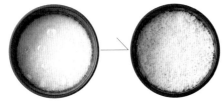

材料

日本米…1合（150g）
バスマティライス
　…1合（150g）
サラダ油またはバター
　…少量
塩…ひとつまみ
水…適量

つくり方

1. 日本米は無洗米が
便利です。そうでな
い場合はさっととい
でください。バスマ
ティライスはとぎま
せん。気になるよう
ならさっと水洗いし
ます。ほかの材料を
加えて炊飯器で炊く
だけ。水加減は普段
通りでOK！

ターメリックライス

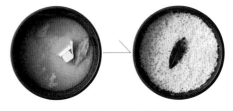

材料

日本米…2合（300g）
ターメリックパウダー
　…1g
塩…1g
ベイリーフ（あれば）
　…1枚
バター…10g
水…適量

つくり方

1. 日本米はカレー用万
能ライスと同様、無
洗米を使うとラクち
んです。そのほかの
材料を加えて炊飯
器で炊きます。水加
減は通常の9割ほど
に。炊飯釜の「すし
飯」の水の目盛りに
合わせてもよいで
す。

休日
本格編!

時間と気持ちに余裕のある休日には、
心おきなくたっぷり手間ひまかけて
専門店顔負けの本格レシピに挑戦してみませんか?

ミールス

ミールスは、野菜と豆が中心の、南インドの伝統的なスパイス料理定食。
ヘルシーでスパイシーな味わいをぜひご家庭でも！

① ナスのサンバル
（つくり方▷P.86）

サンバルは「南インドのお味噌汁」とも形容される伝統料理。現地ではほぼ毎食食べられています。具はナスに限らず、それこそお味噌汁感覚でいろんな野菜で応用できます。

② オクラとズッキーニのクートゥ
（つくり方▷P.88）

クートゥは、豆のペーストとココナッツミルクで野菜を煮込んだシチューのような優しい味わいの菜食料理です。野菜は、クセの強いものでなければなんでもよく合います。

③ ラッサム
（つくり方▷P.87）

タマリンドの酸味とニンニク、ブラックペッパーの風味を生かしたサラサラの辛いスープです。サンバル同様、毎日のように食べられています。

④ ツールダルスープ
（つくり方▷P.89）

ツールダルはインドの樹豆（キマメ）を挽き割りしたもので、黄色くてほのかに甘くこうばしい香りがあります。ミールスのメインとなる3種類の料理（サンバル、クートゥ、ラッサム）には、すべてツールダルでつくったピューレを使います。余ったピューレはスープに活用。ツールダルはムングダル（挽き割り緑豆）で代用可。

⑤ プレーンヨーグルト

⑥ レモンのウールガイ
（つくり方▷P.67）

⑦ トマトのアチャール
（つくり方▷P.66）

⑧ キャベツのトーレン
（つくり方▷P.58）

⑨ チェティナード風塩チキンカレー
（つくり方▷P.40）

⑩ レモンライス
（つくり方▷P.97）

⑪ バスマティライス
（つくり方▷P.98）

ナスのサンバル

材料（2人分）

- A
  - サラダ油…20g
  - マスタードシード…2g
  - フェヌグリークシード…1g
  - タカノツメ…2本
- クミンシード…1g
- カレーリーフ（あれば）…6枚
- ヒング（あれば）…少量
- ニンニク（みじん切り）
  …1/2かけ分（3g）
- ショウガ（みじん切り）
  …1/2かけ分（3g）

- 玉ネギ（幅1〜2cm・長さ5cmに切る）
  …50g
- B
  - ナス…50g
  - トマト水煮缶…80g
  - タマリンドペースト…4g
  - 基本のミックススパイス（P.6）…3g
  - ブラックペッパーパウダー
    …ひとつまみ
  - 水…120g
- ツールダルピューレ（P.89）…200g
- 塩…5g

1. フライパンにAを入れて中火にかけます（テンパリング）。

2. マスタードシードの約半量が弾けたところでクミンシードを加えます。

3. クミンの香りがたってきたら、カレーリーフとヒングを加えます。

4. ひと呼吸置いて、ニンニク、ショウガ、玉ネギを加えます。カレーリーフを焦がさないように注意してください。

5. Bを加えて、ナスがやわらかくなるまで煮込みます。

6. ツールダルピューレと塩を加えます。

7. 均一な状態になるよう、ざっと混ぜます。

8. 中火にかけ、全体がなじむまで軽く煮込みます。お好みで香菜を加えても。

ラッサム

材料（つくりやすい分量）

```
┌ サラダ油…20g
A  マスタードシード…2g
└ タカノツメ…1本
┌ ニンニク（みじん切り）
│     …大1かけ分（8g）
B  カレーリーフ（あれば）…6枚
└ ヒング（あれば）…少量
水…50g
```

```
┌ トマトジュース（無塩）…200g
│  ツールダルピューレ（P.89）
C      …100g
└ タマリンドペースト…4g
基本のミックススパイス（P.6）…4g
ブラックペッパーパウダー…4g
塩…5g
トマト（1cm角切り）…1/2個
香菜（きざむ）…4g
```

1.

フライパンにAを入れて火にかけます（テンパリング）。

2.

マスタードシードがパチパチと弾けたら、Bを加えて炒め合わせます。

3.

こうばしい香りがたってきたら、ニンニクが焦げる前に水を加えてください。

4.

水を入れると、すぐに沸き、油がとんだりするので要注意！

5.

Cを加えます。火から下ろし、フライパンをハカリにのせて計量しながら加えると楽チンです（P.11参照）。

6.

続けて、基本のミックススパイス、ブラックペッパーパウダー、塩も加えます。

7.

さらに、トマトも加えます。

8.

そして、香菜も加えたら、火にかけます。

9.

軽く混ぜ、沸いたら、できあがり。

オクラとズッキーニの クートゥ

材料

オクラ（2cm幅に切る）…5本分
ズッキーニ（いちょう切り）…1/2本分
水…100g
ターメリックパウダー…少量

A ┌ ツールダルピューレ（右ページ）
  │   …200g
  │ ココナッツミルク…200g
  │ ブラックペッパーパウダー…2g
  │ クミンパウダー…2g
  └ 塩…5g

B ┌ サラダ油…20g
  │ マスタードシード…2g
  │ タカノツメ…1本
  └ カレーリーフ…6枚

1.
フライパンにオクラ、ズッキーニ、水、ターメリックを入れて強火にかけます。

2.
ひと煮立ちしたらフタをして、野菜がやわらかくなるまで蒸し煮します。

3.
火からおろし、鍋敷きをのせたハカリに置きます。Aを計量しながらフライパンに直接加えます。

4.
火にかけてヘラで混ぜ合わせ、沸かします。

5.
ひと煮立ちしたところ。

6.
別のフライパンにBを入れて火にかけます（テンパリング）。

7.
マスタードシードが弾けたら、ひと煮立ちした5.に加えてください。

8.
混ぜたらできあがり。

ツールダル
(ピューレとスープ)

材料（つくりやすい分量）

ツールダル（またはムングダル）…150g
水…600g
ターメリックパウダー…1g

○ピューレ

1.

これがツールダル。皮をむき、挽き割りにした状態のものを使い、使う前にはさっと水洗いします。ムングダル（緑豆）を使う場合も同様。

2.

鍋にツールダルと分量の水を入れ、30分以上おいて吸水させます。そのまま火にかけ、沸いたらアクをすくってください。ざっとすくえばOKです。

3.

ターメリックパウダーを加えます。アクはこのくらい残っていても大丈夫です。

4.

フタをして、豆がやわらかくなるまで弱火で約1時間煮ます。ふきこぼれやすいので、フタは少しずらすとよいです。途中、蒸発した分の水を足しながら煮ます。

5.

豆がやわらかくなったらできあがり。できあがりの段階で650〜700gになるよう、水を足しながら煮ます。

6.

煮汁ごとボウルに移し、泡立て器で豆をつぶします。

○スープ

7.

ある程度つぶれたら、泡立て器で全体をかき混ぜ、ポタージュ状にします。

8.

全体がとろりとした状態になったらピューレはできあがり。サンバル、ラッサム、クートゥをつくった残りはスープに活用（右）。

バターでクミンシード、ニンニクのみじん切り、玉ネギのみじん切り、カレーリーフ各少量を炒めたものを加え、塩で味をととのえればスープに。

おもてなしの
バターチキンカレー

生のトマトをたっぷりと使い、スパイシーにマリネして焼いたチキンを合わせた、
贅沢な大人の本格バターチキンカレーです。
クロワッサンやブリオッシュを添えると、パーティーにもぴったり。

材料（つくりやすい分量）

●チキンティッカ
鶏モモ肉（一口大に切る）…1枚分（200g強）*1
プレーンヨーグルト（無糖）…30g
ニンニク（みじん切り）…2g
ショウガ（みじん切り）…2g
香菜（あれば。細かいみじん切り）…2g
基本のミックススパイス（P.6）…3g
韓国産唐辛子（またはパプリカパウダー。
　　いずれもあれば）…3g
ガラムマサラ（P.7）…2g
レモン汁…4g
塩…2g

●バターチキンソース
A ┌ 無塩バター…20g
　├ ニンニク（みじん切り）…2g
　├ ショウガ（みじん切り）…2g
　└ カシューナッツ（粗くくだく）…20g
B ┌ トマト*2…300g
　└ 水…少量
基本のミックススパイス（P.6）…2g
ガラムマサラ（P.7）…1g
カルダモンパウダー…1g
塩…2g
ハチミツ（お好みで）…10〜20g
生クリーム…60g

*1 皮を取り除き、一口大に切ったものを200g使います。
*2 トマトは酸味と甘みが濃厚なミディトマト（「ラウンドレッド」カゴメなど）がオススメです。

1. チキンティッカをつくります。材料をすべてボウルに入れ、スプーンでよく混ぜます。

2. 冷蔵庫に1時間以上おいて漬け込みます。できればひと晩おいてください。味がなじんでおいしくなります。

3. フライパンにサラダ油（分量外・少量）をひき、2.を並べて中火にかけます。こんがりと焼き色がついたらひっくり返します。

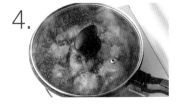

4. フタをして弱火にし、火が通るまで蒸し焼きにします。

5. 中まで火が通ったらフタをはずし、強火にして水分をとばします。

6. バターチキンソースをつくります。別のフライパンでAを炒め、香りがたってきたらBを加えます。

7. トマトがやわらかくなったらヘラなどでつぶしながら、さらに煮ます。写真のように全体がとろりと一体化したら、ミキサーにかけます。

8. フライパンに戻し入れて中火にかけ、ややもったりするまで煮詰めます。煮詰め終わりの目安は、写真のように底をゴムベラでこすると筋が残るくらいです。

9. スパイスと塩を加えて軽く煮込み、ハチミツと生クリームを加え混ぜます。チキンティッカを入れてソースと混ぜます。チキンが温まったらできあがり。

骨付きチキンニハリ

ニハリは骨付き肉をホールスパイスとともにじっくり煮込み、
小麦粉でとろみをつけるムスリム料理。ニハリに付きもののロティに替えて、
ピタブレッドを添えてどうぞ。ご飯やビリヤニにも合います。

材料 (つくりやすい分量)

サラダ油…20g
ニンニク(みじん切り)…6g
ショウガ(みじん切り)…6g
玉ネギ(みじん切り)…100g
基本のミックススパイス(P.6)…16g
ガラムマサラ(P.7)…4g
塩…8g
骨付き鶏モモ肉*¹…2本(400g)
水…500g
ベイリーフ*²…2枚

スターアニス(八角)*²…1個
ブラックペッパーホール*²…8粒
シナモンスティック*²…1/2
カルダモンホール*²…4粒
クローブホール*²…4粒
小麦粉*³…24g

*1 骨付きモモ肉が手に入らない場合は、手羽元を使ってください。
*2 ホールスパイスは全てそろわなければ、あるものだけでもOKです。
*3 ふるっておき、使う前に適量の水で溶いておきます。水の量は
   粉の倍量くらいがちょうどよいです。

1. 鍋を中火にかけ、サラダ油を温めます。ニンニク、ショウガ、玉ネギを加え、玉ネギの角が写真のように茶色く色づくまで炒めます。

2. 基本のミックススパイス、ガラムマサラ、塩を加え、香りがたつまで炒め合わせます。

3. 骨付き鶏モモ肉を加え、全体にスパイスをからめながら、表面の色が変わるまで炒め合わせます。

4. 水とホールスパイスをすべて加えます。

5. いったん沸かし、弱火にして落としブタをします。

6. 鶏肉が完全にやわらかくなるまで約30〜60分煮込み、鶏肉をいったん取り出します。

7. 6.の鍋を中火にかけ、煮汁を泡立て器でかき混ぜながら、水で溶いた小麦粉をたらします。ダマにならないように少しずつ。

8. 中火でしばらく煮込み、とろみをつけます。

9. 鶏肉を戻し入れて温め、器に盛ります。薬味として、くし形切りのレモン、きざんだ香菜、せん切りにしたショウガ、赤玉ネギのスライスなどを添えます。

ビーフカッチビリヤニ

カッチビリヤニは、スパイスやヨーグルトでマリネした生肉と、
かために半炊きしたバスマティライスを重ね蒸ししてつくる、
ビリヤニの原点とも言える古典的な調理法です。
ごく弱火で、じっくりと蒸し焼きにするのがポイント。

材料（つくりやすい分量）

●フライドオニオン
玉ネギ（繊維に沿って薄切り）…30g
サラダ油…20g

●牛肉のマリネ
牛肉（ステーキ用）…200g
ヨーグルト…40g
ニンニク（みじん切り）…3g
ショウガ（みじん切り）…3g
シシトウ（小口切り）…2本分
基本のミックススパイス（P.6）…6g
ガラムマサラ（P.7）…4g
フライドオニオン（上記）の揚げ油…適量
塩…3g

●バスマティライス
水…500g
ベイリーフ…2枚
シナモンスティック…1/2本
カルダモンホール…4粒
クローブホール…4粒
スターアニス（八角）…1個
塩…5g
バスマティライス…1合（150g）

●仕上げ
香菜（きざむ）…4g
ミント（きざむ）…2g
牛乳[*]…30cc
サフラン[*]…ひとつまみ
バター（あれば無塩）…30g

＊つくる前に牛乳にサフランを30分以上ひたしておきます。

1.
フライドオニオンをつくります。まず、冷たいフライパンに玉ネギとサラダ油を入れます。

2.
中火にかけ、縁が茶色になってきたらすぐに火からおろします。火からおろすときは写真のように、フチ以外は白い状態です。

3.
ボウルにザルをのせ、2.のフライパンの中身をあけて、玉ネギと油を分けます。それぞれ取っておきます。

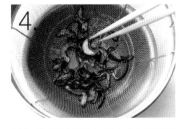

4.
玉ネギはザルにあけてからも余熱で焦げていきます。冷めたときにこのように全体が焦げた状態になるとちょうどよいです。

5.
牛肉をマリネします。まず、牛肉を大きめの一口大に切ります。

6.
そのほかの材料とともにボウルに入れ、スプーンでよく混ぜます。冷蔵庫に1時間以上おいて漬け込みます。できればひと晩おいてください。

7. バスマティライスの下ごしらえをします。直径約16cmの鍋に分量の水、ホールスパイス、塩を入れて沸かし、バスマティライスを洗わずにそのまま入れます。

8. バスマティライスが鍋の底にくっつくのを防ぐため、底から返すようにざっと混ぜます。

9. バスマティライスが鍋の中で踊るくらいの火加減を保ち、約9分ゆでます。

10. 9分ゆでたところ。まだかなりかたい状態ですが、ここでザルにあけてお湯をきります。ホールスパイスが混ざった状態のままで大丈夫です。

11. 直径約16cmの鍋に、6.でマリネした牛肉を敷きます。

12. きざんだ香菜とミントをまんべんなくふります。

13. 10.でザルにあけたバスマティライスをスパイスごと12.の上にのせます。

14. 4.のフライドオニオンをちらし、サフランをひたした牛乳を回しかけます。さらに、バターをのせます。

15. 14.にフタをして火にかけるのですが、鍋のフタに穴が空いている場合はアルミホイルなどで栓をつくってふさぎ、蒸気がもれないようにします。

16. 15.のフタをして、中火から弱火にかけます。底の薄い鍋を使う場合にはフライパンを重ねてください。鉄やホウロウなどの厚手の鍋を使う場合はフライパンは必要ありません。

17. 湯気がたちはじめたら、ごく弱火にし、さらに10分蒸し焼きにします。

18. 火を止め、そのままコンロの上で10分蒸らします。お好みでキュウリとトマトのライタ（P.69）、レモン、生のシシトウか青唐辛子、トマト、赤玉ネギなどを添えて食べます。

レモンライス

南インドにはさまざまな混ぜご飯があります。
レモンライスはその中でも特にシンプル、かつ人気があります。

材料

炊きたてのバスマティライス（P.98）
　　またはカレー用万能ライス（P.82）
　　…400g
レモン汁*1…30g
ターメリックパウダー*1…1g
塩*1…3g
┌　サラダ油…20g
A　マスタードシード…4g
└　タカノツメ…1本
ピーナッツまたはカシューナッツ*2
　　…適量

*1　レモン汁にターメリックパウダーと塩を溶き
　　混ぜておきます。
*2　あらかじめフライパンで、表面がこんがりと
　　色づくまでローストしておきます。

1.

できれば炊きたてのライスを用意
し、ターメリックパウダーと塩を溶
き混ぜたレモン汁をふり、しゃもじ
で手早く切り混ぜてください。

2.

フライパンにAを入れて火にかけ（テ
ンパリング）、マスタードシードが弾
けたら、ナッツを加え混ぜて軽く炒
め、1.に加え混ぜます。

3.

しゃもじで手早く切り混ぜてください。

失敗しない！
バスマティライスの
湯取り炊き

アジアの諸地域では、長粒米を炊くときはたっぷりのお湯でゆでこぼす「湯取り法」が主流です。ここでは、もっとも失敗の少ない炊き方をご紹介します。

インドでは日本以上にいろいろな種類の米が食べられていますが、バスマティライスはその中でも飛び抜けて高価なせいもあり、ミールスに使われることは実はあまりありません。

ミールスとして食べられる米は、粘り気のない短粒米か、バスマティライスより小粒の長粒米が主流です。ただし日本ではそういった米は品質や流通が極めて不安定であることもあり、現時点ではミールスのライスにはバスマティライスが最良の選択といえると思います。

バスマティライスは日本米と同じように炊飯器で炊くこともできるのですが（ただし、加水量は日本米よりも増やす）、パスタのようにたっぷりのお湯でゆでる「湯取り炊き」することで、軽やかなふわっと感というその特徴をより引き出すことができます。

なお、バスマティライスはとぐ必要はありません。さっと水洗いして、浸水してからゆでる方法もあるのですが、その場合はゆで時間が短くなる分、ゆで上がりのシビアな見極めが必要となります。

乾燥状態のバスマティライスをパスタのように直接熱湯に投入してゆでる右記の方法は、決められた時間通りにゆでるだけで、まず失敗することはありませんので、初心者には特におすすめです。

1.

バスマティライスの5倍以上のお湯を沸かし、強火でぐらぐらと沸かした状態のところに、バスマティライスを一気に投入します。

2.

バスマティライス同士がくっつかないように底から軽く混ぜます。

3.

再度沸いたら、やや火を弱め、バスマティライスが鍋の中で踊るくらいの火加減を保ちながら約12分ゆでます。

4.

ザルにあけてお湯をきり、すぐに鍋に戻し入れてフタをします。もしも鍋が冷めてしまっていたら、フタをした後、約10秒中火で加熱して火を止めます。

5.

フタをしたまま10分ほど蒸らして完成。米が折れないように、やさしく混ぜて空気を入れ、ふわっとした状態にします。

スパイスと材料について

本書で主に使うスパイスやインド料理ならではの材料について、
その特徴や使い方のコツなどをご紹介します。

コリアンダーパウダー

ベースとなるスパイス。ほのかに柑橘を思わせるさわやかな香りがあり、様々なスパイスをまとめる「調和のスパイス」としての働きも。カレーに適度なとろみを与えます。

クミンパウダー

いかにもインドカレーらしい香り。いわばカレーの香りの主役です。ナッツのような香ばしさとシソを思わせるさわやかな芳香は、しっかり加熱することでより引き立ちます。

ターメリックパウダー

いかにも食欲をそそる鮮やかなイエローが特徴の「色彩のスパイス」。大地の匂いを思わせる芳香は、穏やかなようでいてカレー全体のコクを下支えする縁の下の力持ちです。

チリパウダー

刺激的な辛さと赤い色合いを担う、カレーには必須のスパイスですが、じっくり油と炒めた時の深いこうばしさも重要。辛さを抑えたい場合も量を減らしすぎないのがコツです。

ブラックペッパーパウダー

さわやかな辛さと華やかな芳香をあわせ持ちます。肉はもちろん野菜とも調和しやすく、まさに万能。多く入れすぎてもバランスを崩すことのない、使い勝手のよさも魅力。

カルダモンパウダー

スパイスの女王とも呼ばれる高貴な香り。少量で強い芳香を放ちます。ガラムマサラを構成する主要なスパイスの一つでもあり、肉との相性は抜群。お菓子にも多用されます。

マスタードシード

生の状態だと辛みがありますが、カレーに使用する場合は高温で辛みを完全に揮発させつつ油にこうばしい香りを移して使います。南インド料理には欠かせないスパイスです。

クミンシード

さわやかな芳香とナッツ的なこうばしさを油に移して使います。粒そのものも、食感や香りのアクセントとして効果的。しっかり加熱しつつ、焦がしすぎないことが肝要です。

フェンネルシード

アニスや八角とも共通する甘くエキゾチックな香りが、個性的な味わいを演出します。甘みのある野菜や魚と相性抜群。インドでは食後のお口直しに粒のまま食べることも。

ココナッツミルク

缶詰を使用。ココナッツミルクパウダーを使う場合は、パウダー18gをぬるま湯42gで溶くと、缶と同じくらいの濃さになります。袋の表示通りに加水すると薄すぎるので注意！

タマリンドペースト

豆科の植物のサヤからつくる調味料。ドライフルーツのようなどっしりとしたコクと強い酸味で、カレーやスープをはじめ、様々な料理の味つけのベースとして使用されます。

ヒング

セリ科植物の茎から染み出す樹液状の物質を乾燥させた異色のスパイス。"腐ったニンニク"などと形容される強烈な臭いは、油で加熱することで独特の芳香に変わります。

冷凍保存のススメ

トマト水煮缶　ココナッツミルク

使い残した分はジップ袋（中サイズ）に入れて冷凍しましょう。ペタンコになるように冷凍し、使うときに必要な分だけ手でパキパキと折って取り出します。どちらも1缶400g程度の商品が主ですが、本書のレシピだと1回に60〜80gほど使用します。残りの全量を中サイズの袋2つに分けると、取り出しやすい状態に冷凍できます。

香菜

使い残しがちな香菜ですが、冷凍保存できるんです！買ってきたら、上の方の葉は生の状態で使ってしまい、茎を冷凍するとよいです。葉は冷凍するとしなっとしてしまって使いにくいのですが、茎は冷凍保存に適しています。使うときは凍ったまま端からきざみます。

シシトウ

本書ではインドでよく使われる生の青唐辛子の代用として使っています。具材というより香味野菜という立ち位置です。よって食感は重視しないので、使い残しは冷凍して必要な分だけカットして使ってください。青唐辛子が入手可能で、なおかつ辛いものがお好きならそちらを使っても構いません。

カルダモンラッシー

インドで甘いラッシーは
カルダモン入りもスタンダード。
華やかな味わいが楽しめます。

材料（2人分）

プレーンヨーグルト（無糖）…200g
牛乳…80g
水…80g
砂糖…30g
カルダモンパウダー…1〜2g

ソルティマサララッシー

インドではまったく甘くない
塩味のラッシーも好まれています。
冷製スープの感覚で、食事にもよく合うラッシーです。

材料（2人分）

プレーンヨーグルト（無糖）…200g
水…160g
塩…2g
香菜（みじん切り）…2g
ショウガ（みじん切り）…2g
クミンパウダー…1g
ブラックペッパーパウダー…1g

つくり方（共通）

1. 材料をすべて混ぜ合わせます。カルダモンラッシーは、
酸味の少ないヨーグルトを使用する場合、少量のレモン
汁を加えてもよいです。カルダモンパウダーの量はお好
みで増減してください。

マサラチャイ

スタンダードなスパイス入りのチャイです。
安価なティーバッグは手軽につくれるだけではなく、
味自体もマサラチャイに向いています。

材料（2人分）

```
┌ ティーバッグ… 2包
│ カルダモンホール*… 2粒
A │ クローブホール… 2粒
│ シナモンスティック…1/2本
└ 水…100g
牛乳…200g
砂糖…20g
```

はちみつジンジャーチャイ

スパイスなしでもはちみつとショウガが
スパイス感を演出するお手軽チャイ。
お好みのスパイスを追加してもOKです。

材料（2人分）

```
┌ ティーバッグ… 2包
A │ ショウガ（スライス）…20g
└ 水…100g
牛乳…200g
ハチミツ…30g
```

＊つぶしてサヤを割り、サヤと中の種の両方を使います。

つくり方（共通）

1. 鍋にAを入れて中火にかけ、5分ほどかけてじっくりと煮出します。

2. 牛乳を加えて、吹きこぼれないように火加減を調整しながら温めます。沸騰直前で火を止め、フタをして蒸らします

（フタはちょうどよい大きさのものがなければしなくてもOK）。

3. ティーバックやスパイスは取り除き、砂糖もしくはハチミツを加え混ぜます。

さあ、ここは沼の入り口です　〜インドカレーの設計図〜

　さて皆様「南インド料理店総料理長が教える
だいたい15分！　本格インドカレー」はいかがで
したでしょうか。

　本書のレシピをいくつかつくって試してくださ
った方には、「長いまえがき」にも記した通り、"イ
ンドカレーは実は簡単で短時間でつくれる" とい
うことがおわかりいただけたのではないかと思い
ます。

　しかし！　実はまだこれはインドカレーのほん
の入り口に過ぎません。この先にはもっともっと
魅惑的で奥の深いインド料理ワールドが無限に広
がっています。

　この本では「なるべく簡単に短時間で」をひと
つのテーマとしました。工程のひとつひとつには
これが絶対の正解というというものはありませ
ん。手間と時間をかければかけるだけいいとは限
りませんが、時間と気持ちの余裕がある時は、紹
介した工程にちょっと一手間かけるとまた別の美
味しさも生まれます。

　たとえば、時にはチューブのしょうがではなく
生のしょうがをすりおろしたり、玉ネギを時間を
かけてしっかりめに炒めたり、薄切り肉じゃなく
て角切り肉や骨つき肉を使ってじっくり長めに煮

込んでみたり、缶詰ではなく生のお魚を使ってみ
たり。時にはそんな応用編もお試ししてみると、
より自分好みのおいしさが見つかるかもしれませ
ん。

　ひとつ種明かしをします。鯖缶シンプルカレー
（P.16）、シンプルチキンカレー（P.38）、シンプ
ルキーマカレー（P.44）をはじめ、この本の主
要なレシピのほとんどは、右ページに掲載した
「インドカレーの設計図」を元にレシピが組まれ
ています。つまり、この設計図を応用してお好み
のレシピをつくっていただくことも可能だという
わけです。詳しくは右ページをご参照いただけれ
ば幸いです。

　でも、そうは言ってもやっぱり皆さん毎日お忙
しいですよね……。そんな時はまたもう一度この
本のレシピに戻って、短時間で、簡単に、確実に
おいしいカレーを作って下さい！

　この本がこれからもずっと、みなさんのカレー
探求の始まりの地であり、またいつか帰ってくる
ルーツになることを心から願っています。

2020年1月
稲田俊輔

Profile

稲田俊輔／イナダシュンスケ

鹿児島県にて食道楽の一族出身の父母のもとに生を受ける。京都大学在学中より料理修業と並行して音楽家を志し、最終的にはインディーズレーベルからデビューを果たすも、これで食べていける才能は無しと見切りをつける。以後、飲食業に専念し、飲料メーカー勤務を経て、友人とともに株式会社円相フードサービスを設立。業態開発およびメニュー開発を主に担当し、居酒屋、和食店、割烹、フレンチ、洋食などさまざまなジャンルを手がける。カレーと関わるきっかけは、神奈川県・川崎のテイクアウト専門店「エリックカレー」のリニューアルを依頼されたこと。持前の探求心を発揮し、あっという間にインド料理の奥深い沼にハマる。2011年には東京駅八重洲地下街にカウンター席主体の南インド料理店「エリックサウス」を開店。ビジネスランチとカレーマニア双方の需要にこたえる大繁盛店となり、南インド料理とミールスのブームに大きく貢献する。イナダシュンスケ名義で発信するSNSでのつぶやきでたびたびバズることでも知られ、食マニアでありながら大手チェーンの動向にも造詣が深い。2019年にはサイゼリヤをはじめとする飲食チェーンを経営者かつ変態料理人の視点から熱く語った『人気飲食チェーンの本当のスゴさがわかる本』（扶桑社新書）を上梓。食全般への愛に満ちた深い洞察に多くのファンを持つ。

●エリックサウスマサラダイナー 神宮前
　東京都渋谷区神宮前6-19-17
　GEMS神宮前５F
　03-5962-7888

●エリックサウス八重洲店
　東京都中央区八重洲2-1
　八重洲地下街４号（八重洲地下２番通り）
　03-3527-9584

●エリックサウス東京ガーデンテラス店
　東京都千代田区紀尾井町1-3
　東京ガーデンテラス紀尾井町２F
　03-6272-5529

●エリックサウスKITTE名古屋店
　愛知県名古屋市中村区名駅一丁目1-1　B1F
　052-433-1780

スパイス提供／エスビー食品株式会社
調理助手／平田健吾（株式会社円相フードサービス）

南インド料理店総料理長が教える
だいたい15分！
本格インドカレー

初版発行　2020年2月25日
8版発行　2022年3月20日

著者©　稲田俊輔

発行者　丸山兼一
発行所　株式会社　柴田書店
　　　　東京都文京区湯島3-26-9　イヤサカビル　〒113-8477
　　　　電話　営業部　03-5816-8282（注文・問合せ）
　　　　　　　書籍編集部　03-5816-8260
　　　　URL　https://www.shibatashoten.co.jp/

印刷・製本　シナノ書籍印刷株式会社

ISBN 978-4-388-06319-2
Printed in Japan
©Shunsuke Inada　2020

●これがインドカレーの設計図！

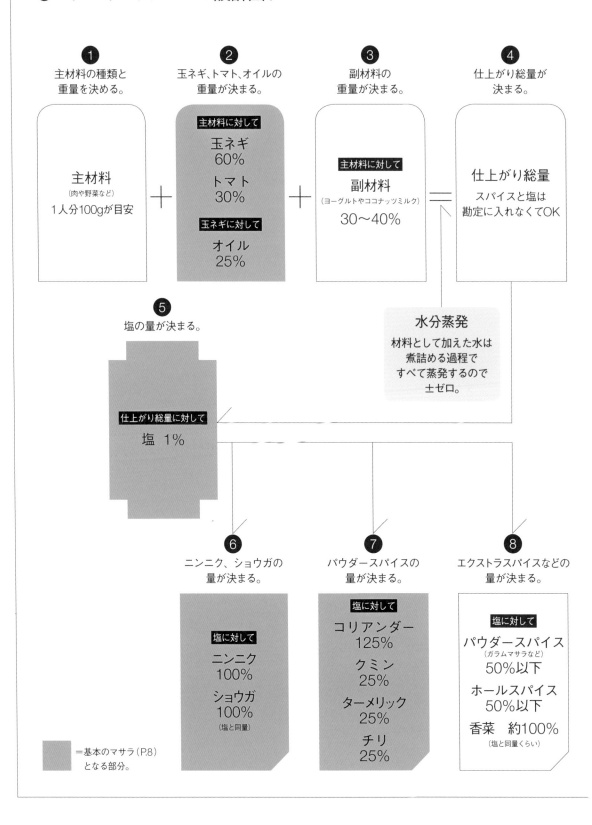

①
主材料の種類と
重量を決める。

主材料
（肉や野菜など）
1人分100gが目安

②
玉ネギ、トマト、オイルの
重量が決まる。

主材料に対して
玉ネギ
60%
トマト
30%

玉ネギに対して
オイル
25%

③
副材料の
重量が決まる。

主材料に対して
副材料
（ヨーグルトやココナッツミルク）
30〜40%

④
仕上がり総量が
決まる。

仕上がり総量
スパイスと塩は
勘定に入れなくてOK

水分蒸発
材料として加えた水は
煮詰める過程で
すべて蒸発するので
±ゼロ。

⑤
塩の量が決まる。

仕上がり総量に対して
塩　1%

⑥
ニンニク、ショウガの
量が決まる。

塩に対して
ニンニク
100%
ショウガ
100%
（塩と同量）

⑦
パウダースパイスの
量が決まる。

塩に対して
コリアンダー
125%
クミン
25%
ターメリック
25%
チリ
25%

⑧
エクストラスパイスなどの
量が決まる。

塩に対して
パウダースパイス
（ガラムマサラなど）
50%以下
ホールスパイス
50%以下
香菜　約100%
（塩と同量くらい）

＝基本のマサラ（P.8）
となる部分。

簡単に解説しましょう。まずメインとなる具材に何をどのくらいの量使うかを決めます。この本でいうと、鯖缶などの缶詰、鶏肉や挽き肉などの肉類、さまざまな野菜などです。「ツナ缶＋野菜」のような複数の組み合わせもあります。1人分の目安はだいたい100gと考えてください。

メインの具材が決まったら、そこから必要な玉ネギとトマトの量が決まります。具体的にいうと、メインの具材が200g（約2人分）であれば、玉ネギはその60％の120g、トマトはその30％の60gです。そして、オイルは玉ネギの量に対して25％の30gと決まります。

さらにレシピによってはヨーグルトやココナッツミルクなどの副材料を加えますが、加える量はカレーによってまちまち。本書で取り上げたカレーはだいたい主素材の30〜40％を用いています。

ここまでがいわば「カレーの主成分」です。なので、ここまででカレーの大体の仕上がり量が決まります。なお、煮詰める際に水分が蒸発しますが、これは材料として加えた量の水がそのまま蒸発すると考えます。また調味料は割合が少ないため、計算に入れなくて結構です。つまり、「主素材＋玉ネギ＋トマト＋オイル＋副材料＝仕上がり総重量」が目安となります。

次に味つけですが、まず塩の分量は仕上り総重量に対して1％が基準となります。もちろん、好みでもっと増やしても減らしてもいいのですが、あくまでこれが基準値。缶詰類など、もともと塩分が含まれている素材をメインの具材とする場合は、味つけの塩はその分減らします。

総塩分量が決定したら、それをもとに、ニンニクやショウガ、パウダースパイスなどの量が決まります。これらのうち、玉ネギ、トマト、オイル、塩、ニンニク、ショウガ、パウダースパイスによって基本のマサラ（P.8）を構成しているわけです。

この本の主要なレシピを試された方は、実は知らず知らずのうちにこの設計図を何度も実践したことになります。

という事は！　この先は自由に好きな素材を使って、よりお好みの味わいに、どんどん挑戦する事ができるわけです！　とりあえず、この設計図通りにレシピを組めば、大きく失敗することはありません。どんどん新しいレシピを錬成して、それにチャレンジしてみてください。

そしてこの設計図とて、星の数ほどあるインドカレーのさまざまなパターンの一つに過ぎません。この本にも、鯖缶のミーンコランブ（P.22）やチェティナード風塩チキンカレー（P.40）、最終章の番外休日編のレシピなど、このパターン以外のレシピがいくつも含まれています。

それらも基本的にはこの設計図同様に、

1　主素材と副材料の量を決めたら、仕上り総量がだいたい決まる
2　仕上り総量が決まれば、塩の量が決まる
3　塩の量が決まれば、スパイスの量も決まる

という流れでレシピを組み立てていくことができます。これが分かっていると、この先いろいろな本やネットで探した新しいレシピを試す時も、ぐっとその再現度が完璧に近づくはずです。